The Art of Reading Aloud

すばらしい英語朗読・音読の世界

魔法の仮名®つき

池田紅玉
Ikeda, Kogyoku

教育出版

メッシンヂャー博士からのメッセージ文

Hello, readers and listeners in Japan. I'm Bonnie Mesinger from California. I was very happy working with Ms. Ikeda, my former student. I really enjoyed reading materials for the book *The Art of Reading Aloud*, so I hope you'll enjoy listening to them. Good luck and I give my love to you. Thank you.

日本にいらっしゃる読者の皆さん，こんにちは。カリフォルニアにいるボニー・メッシンヂャーです。このたびは私のかつての教え子である池田さんと仕事を一緒にできて，とてもうれしく思っています。私は「すばらしい英語朗読・音読の世界」*The Art of Reading Aloud* の本のための朗読題材をとても楽しみながら朗読いたしました。ですから，皆さんが私の朗読を楽しんで聴いてくださることを願っています。頑張ってくださいね。私の温かな気持ちを皆さんに。ありがとう。

Bonnie M. Mesinger

Bonnie M. Mesinger

朗読担当の
メッシンヂャー博士

まえがき

　最近日本では急に朗読，音読の意義や教育効果が注目され，日本語だけではなく英語でも，このテーマを扱った書物が次々に出版されています。朗読や音読をすることが学習効果を高めることも証明されてきていますが，理屈なく声を出して読むことが，心地よく楽しいということを多くの人が実感し，朗読の輪が英語の世界でも広がりつつあることは，よろこばしいことです。

　小学生の頃から教科書の音読が大好きだった私が，朗読法（英語の）という授業に出会ったのは，大学英文科の学生の時でした。川島彪秀博士による Oral Interpretation of Literature という授業では，朗読の理論と実践を学び，朗読の世界の素晴らしさと奥深さに，新鮮な驚きと感動を受けたものです。日本で英語朗読の分野を専攻することはなかなか難しいため，大学院修了後，私はより深くこの分野について研究したいという希望を実現すべく，1977年カリフォルニア州立大学のスピーチ・コミュニケーション学科大学院へ留学し，朗読（Oral Interpretation of Literature）の専門家でいらっしゃるボニー・メッシンヂャー博士（Dr. Bonnie Mesinger）の指導のもと，どっぷりと英語朗読の世界に浸る学生生活を送りました。発声法から入り，さまざまな感情表現法を含めた朗読の仕方について学んだこと，そして声に出して表現することを得意とするアメリカ人の学生と一緒に舞台で何度となく公演した経験は，25年以上たった今でも，良き思い出というだけにとどまらず，私の授業の中で生かされていると実感しています。

日本に朗読・音読ブームが訪れるずっと前から，英語朗読法の授業を担当し，学生の音声表現力の上達を目の当たりにしてゆくうちに，英語朗読の意義と楽しさを日本で広めてゆくことが私の使命であると思うようになりました。

　そのような熱い思いをもっていた私にタイミング良く，教育出版から本書の企画を頂戴しました。英語朗読の本を作るときには，是非とも題材の朗読録音は恩師であるメッシンヂャー先生にお願いし，かつて私がしびれるほど感動した先生の朗読を，日本の皆さんにも味わっていただきたいと思っていました。遠く離れた異国の地にいらっしゃるメッシンヂャー先生は既に教授職を退かれていらっしゃいますが，演劇活動，執筆活動でお忙しくしていらっしゃるにもかかわらず，今回この本のために，朗読録音へのご協力を快諾してくださいました。かつての恩師と朗読のCD本を仕上げてゆくという長年あたためていた夢のような企画が遂に実現しました。メッシンヂャー先生の人間味あふれる，しかも堂々とした格調高い朗読に，皆さまは感動なさることでしょう。

　本書でご紹介した朗読題材の多くは，長年私が英語朗読法の授業で実際に扱い効果的であったもの，また学生にも評判がよかったものです。またメッシンヂャー先生が薦めてくださった題材や先生の十八番も随所に入っています。読み聞かせに向く絵本の朗読も入れたかったのですが，絵に重要な意味がある絵本の版権に関する手続きの関係上，今回は見送らざるをえませんでした。参考として172ページ以下に「朗読・読み聞かせに向く　おすすめ英語絵本165冊」のリストを載せましたので，ご利用ください。

本書では，朗読題材に出てくる単語の発音で難しいものや，日本人が間違えやすい発音には，私が考案した「魔法の仮名Ⓡ」（商標登録済み）をつけました。「魔法の仮名」の読み方の簡単なルールは1章で説明しましたが，より詳しく発音を学びたい方は，発音に関する拙著を168〜170ページに載せておきましたので，参考になさってください。発音記号が苦手な方も，「魔法の仮名」を使っていただければ，限りなくネイティヴに近い発音で朗読ができるように工夫してあります。「魔法の仮名」を英単語の上にのせることによって，英単語間のスペースにばらつきが生じたこと，また朗読題材の原文と改行の位置が異なってしまった箇所があることを，ここでお断りしておきます。

　本書を仕上げるにあたり，辛抱強く原稿の仕上がりを待ってくださり，的を射たアドバイスをしてくださった平林公一氏，込み入った編集作業を快くお引き受け下さった心容社の伊藤幹雄氏には大変お世話になりました。また7章でメッシンヂャー先生と一緒に群読の朗読録音をしてくださったパメラ・ライオール（Pamela Lyall）さんとギャヴィン・ライオール（Gavin Lyall）さん，そして本書に使う写真撮影にも協力し，常に私にエネルギーやアイディアを与え続けてくれる学生の皆さんに，心より感謝の意を表したいと思います。

平成16年　　盛夏

池田紅玉

目次
CONTENTS

メッシンヂャー博士からのメッセージ文 ……………………… 2
まえがき ………………………………………………………………… 3

1章 基礎練習 🎵 Warm-up Exercises　　11

1　朗読を始める前に知っておきたいこと ………………… 12
(1) 朗読題材の内容を理解し, 解釈する ……………………… 12
(2) 朗読者の数だけ, 音声表現法はある ……………………… 12
(3) 上達度は, 練習の回数に比例する ………………………… 12
(4) 模範朗読を参考にする ……………………………………… 13
(5) 自分の声の状態を知る ……………………………………… 13
(6) 英語の正しい発音と,
　　基本的な音声表現の技法を身につける ………………… 14

2　美しい声を目指して ……………………………………… 14
(1) 良い声と悪い声 ……………………………………………… 14
　A．良い声　　15
　B．悪い声　　15
(2) 声を出すためのウオーミングアップ …………………… 15
　A．体をほぐす　　16
　B．顔面の筋肉をほぐす　　17
　C．腹式呼吸に挑戦する　　19

3 英語の正しい発音 ………………………………… 21

(1) 発音記号について ――――――――――――――― 21
(2) 「魔法の仮名」について ――――――――――――― 21
　　[辞書別母音発音記号対照表]　22
　　A．「魔法の仮名」の読み方　26
　　B．「魔法の仮名」と「発音記号」対照表　27
　　　① 母音　27
　　　② 二重母音・三重母音　29
　　　③ 子音　31
　　　④ 注意すべき「魔法の仮名」　34
　　C．単語と文章を発音記号と
　　　　「魔法の仮名」で読む練習　35

4 日本語発音の癖から抜け出し，
英語らしい発音を目指すコツ ………………………… 36

(1) はねたり，つまらせたりする発音からの脱却 ……… 36
(2) 子音連続・子音連結 ――――――――――――― 36
(3) 単語のアクセント ――――――――――――――― 37
(4) 句アクセントと複合語のアクセント ――――――― 37
(5) アクセントの移動と文アクセント ――――――――― 38
(6) 強弱のリズムが時間的に等間隔に現われる例 ―― 39
(7) 大切なイントネーション・パターン ――――――――― 39
(8) 強調と対比の仕方 ――――――――――――――― 41
(9) 注意したい区切り方 ――――――――――――――― 42
(10) 音の連結 ―――――――――――――――――――― 43
(11) 音の脱落 ――――――――――――――――――――― 44

⑿ 音の同化 ―――――――――――――――――― 46
⒀ 母音にはさまれた/ t , d / の発音 ―――――――― 47

5 効果的な朗読を目指す音声表現法について ………… 48
 ⑴ 朗読する速度について ――――――――――――― 48
 ⑵ 特定の箇所を際立たせるためのテクニック ――――― 49
 ⑶ リズム感を身につけるための練習 ――――――――― 52
 ⑷ ウオーミングアップのための早口言葉 ―――――――― 56
 ⑸ 上達への早道 ―――――――――――――――――― 59

2章 諺（ことわざ） Proverbs　　61

3章 名言・名文 Famous Phrases　　65

名言 ――――――――――――――――――――― 66
名文 ――――――――――――――――――――― 71
Children Learn What They Live ――――――――― 73
YOUTH ――――――――――――――――――― 76

4章 演　説 Speeches　　79

1 ネルソン・マンデラの演説 ――――――――――― 81
2 ケネディ大統領の就任演説 ――――――――――― 84
3 マーティン・ルーサー・キング・Jr.の演説 ――――― 86
4 皇后陛下美智子様の基調講演 ―――――――――― 89

5　ヘレン・ケラーの演説 95

5章　詩　🎵 Poems　101

1　ウィリアム・ワーズワース 102
2　ロバート・フロスト 104
3　金子みすゞ／D. P. ダッチャー 106
4　宮沢賢治 108
5　クリスティーナ・ロゼッティ 112
6　エミリー・ディキンソン 114
7　ウォルト・ホイットマン 115
8　セアラ・コールリッジ 117
9　ロバート・ルイス・スティーブンソン 120
10　マティ・ステパネク 122

6章　散文　🎵 Prose　127

The Tailor 128

7章　朗読劇・群読　🎵 Readers Theatre・Group Reading　133

1　Readers Theatre の定義 135
2　Readers Theatre 公演までの過程 136
3　Readers Theatre の教育的効果 137

4 Readers Theatre の実際 138
　　三人用台本（CD 吹き込みあり）　139
　　What is white?　　140
　　What is black?　　142
　　What is purple?　　145
　　五人用台本（CD 吹き込みなし）　147

付録　和訳（池田 紅玉訳［マティ・ステパネクを除く］） 149
池田 紅玉（和子）著書一覧 168
参考文献⑴ 169
参考文献⑵　朗読・読み聞かせに向く
　　　　　　おすすめ英語絵本 165 冊 171

1 章
基礎練習
Warm-up Exercises

　本章では，実際の朗読に入る前の準備段階としての基礎練習が，徹底的にできるようになっています。基本を押さえ，スムーズに朗読の世界へ入っていけるように，くり返し練習しましょう。CDを聞いているだけでは，朗読は上達しません。声に出して練習することで，徐々に上達してゆくのです。

1　朗読を始める前に知っておきたいこと

(1) 朗読題材の内容を理解し，解釈する

　作品の内容を理解することなく朗読しても，意味がありません。朗読者はまず，作品を徹底的に読み込み，内容を理解し，作者の意図することを的確につかみ，自分自身の解釈をもとに音声表現，つまり朗読をすべきです。その際，辞書を使って言葉の意味を調べたり，作品が書かれた時代背景，社会的背景を調べたり，作者について研究するなど，朗読する前にしなくてはならないことがたくさんあります。

(2) 朗読者の数だけ，音声表現法はある

　作品の内容解釈は，朗読者によって違います。ですから，内容解釈によって朗読の仕方は異なるので，朗読者の数だけ音声表現法があると言っても過言ではありません。しかし，基本的な音声表現法を無視した自分勝手な朗読になってはいけません。本章の3節(p.21)以下では，日本語の癖をそのまま英語に持ち込まないように，基本的な英語の音声表現法を学びます。

(3) 上達度は，練習の回数に比例する

　すべてのことに通じますが，技術・技能の上達を目指すためには，練習をくり返すしか方法はありません。今まで

難しかったことが簡単にできるようになるためには，くり返し練習するしかないのです。くり返しにまさる学習法はありません。本書で取り上げた題材も，暗記してしまうほど，くり返し練習するよう心がけましょう。

(4) 模範朗読を参考にする

本書には朗読の専門家であるメッシンヂャー先生による朗読 CD が付いています。CD に吹き込まれた超一流の朗読を参考にして真似をすることから始め，徐々にそこから抜け出し，自分自身の解釈にもとづいた朗読を目指しましょう。

(5) 自分の声の状態を知る

皆さんは，自分の声を客観的に見直したことがありますか？ 聴衆の前で話をする場合（たとえば講演，演説，授業，朗読，読み聞かせ，パーティーでのスピーチ，職場でのプレゼンテーションなど），ただ闇雲に大きな声を出せばよいのではありません。耳ざわりな声で平気で話し続けることは，聞き手の立場を無視した自分勝手な行為とも言えます。話し手は，正しい発声法を身につけた上で，よく通る美しい声で話す必要があるのです。聞き手が話に集中でき，ある程度長い時間聞いていても疲れないような声で話してあげることが大切です。話し手の声は，楽器を演奏する際の楽器そのものに当たります。演奏家が，より高級

な，より精巧な楽器を求めるのと同じように，話し手も，すでに持っている自分の声という楽器を磨いてゆく必要があります。

人間は誰でも話すことはできます。しかし相手を引きつける話し方は，訓練なくしては身につけられないのです。時には自分の声をテープに録音して聞いてみるなどして，客観的に自分の声を分析してみましょう。このあとの2節では，正しい発声法に向けての練習を紹介します。

(6) 英語の正しい発音と，基本的な音声表現の技法を身につける

美しい朗読を目指すためには，まず英語の発音が正しくなければなりません。日本語の癖をそのまま英語に持ち込まないように，英語の発音と，基本的な英語の音声表現法を復習する必要があります。4節(p.36)では，英語の発音のルールを復習し，5節(p.48)では効果的な朗読を目指す音声表現法について学びます。

2 美しい声を目指して

(1) 良い声と悪い声

一般的に良い声，悪い声とは，どのような声のことを言うのでしょうか。

A．良い声

- 張りのある，聞き取りやすい声
- 声量のある声
- 晴れやかで，明るい声
- 澄んだ，柔らかい声
- いろいろな声の調子が出せ，コントロールができる声
- 長時間話していても，話し手も聞き手も疲れない声

B．悪い声

- 聞き取りにくい声
- のどをつまらせたような声
- 作り声
- 高すぎる声
- こもった声
- 鼻にかかった声
- 息が浅く弱い声
- 不安定な声
- 単調な声

(2) 声を出すためのウオーミングアップ

声の重要性については，十分おわかりいただけたと思いますので，次に，声を出すための具体的な練習に入ります。スポーツに準備運動が大切であるように，声を出す前にも体をほぐす運動が必要なのです。

A．体をほぐす

体をほぐすために，次のような練習をしてみましょう。

1. 両足を肩幅くらいに開いて，リラックスして立ちます。背筋を伸ばすようにしましょう。
2. 両足とも同時にかかとを上げ，爪先立ちの姿勢で5秒くらい我慢し，その後かかとをつけます。これを5回ぐらいくり返します。
3. 目を閉じて，片足で立ちます。何秒立てるか自分で数えます。もう一方の足でも同じことをしてみましょう。両手でバランスを取らなくても，片足でしばらく立てることを目標にしましょう。
4. 両手を前に出し，こぶしを作り，作ったこぶしを5回ほど，思いっきり開いたり閉じたりします。
5. 両手を前に出したまま，両手の指を親指から小指へ順番に曲げ，次に小指から親指へと順番に開いてゆきます。これを5回くり返します。
6. 両肩を両耳につけるように上げます。これを5回くり返します。
7. 両手を下に下げ，10回くらいブラブラ揺らします。
8. 首を前後左右に動かしましょう。

これが済んだら，NHKラジオ第一放送で毎朝6時半から流されているラジオ体操，テレビで紹介されている簡単な体操，手軽に行えるエアロビクスなど，自分に合ったものを見つけ工夫しながら，声を出すためのウオーミ

ングアップに使ってみましょう。

B．顔面の筋肉をほぐす

①　頬を膨らませたり，すぼめたりする体操

思いっきり頬を膨らませ，頬がパンパンになった状態を指で確かめます。次に，風船を膨らますように，徐々に空気を吐き出します。次に，ストローでジュースを飲むときのように唇をすぼめながら息を吸い，口笛を吹くように息を出しましょう。これを何回かくり返します。

②　唇を柔軟にする体操

力を抜き，上の唇と下の唇をぶつけながら，「ブ———」という音を続けて出します。唇がくすぐったく，かゆくなるくらい続けます。天井を見上げて行ったり，床を見ながらしたり，また音程を変えてやってみると，楽しく続けられます。

③　口を大きく開ける体操

両手を上に上げ，万歳をするような格好で，思いっきりあくびをしてみましょう。口を上下左右に最大限に開けることを心がけます。口の形をいろいろ変えながらあくびをするのもよいでしょう。この体操は顔面の筋肉をほぐすのに，とても効果的です。

④　舌を柔軟にする体操

舌の動きを柔軟にするには，次のような言葉を速く，くり返す練習が効果的です。唇もしっかり動かしましょう。

ラレリルレロラロ　ラリルレロ
レレレレレレレ　ロロロロロロロ
レロレロレロレロ　レロレロレロレロ
レレロロレレロロ　レロレロレロレロ

次に，ラの後ろにはバを，リの後ろにはビを，ルの後ろにはブを，レの後ろにはベを，ロの後ろにはボを入れながら練習してみましょう。

ラバレベリビルブ　レベロボラバロボ
ラバリビルブレベロボ
レベベレベレベ　ロボロボロボロボ
レベロボレベロボ　ロボレベロボレベ
レベレベロボロボ　レベレベロボロボ
ロボレベロボレベ　ラバレベリビルブ

同じように，マ行を入れてやってみましょう。

ラマレメリミルム　レメロモラマロモ
ラマリミルムレメロモ
レメレメロモロモ　レメロモレメロモ
ロモレメロモレメ　ラマレメリミルム

⑤ 早口言葉に挑戦

口や唇の筋肉が柔軟になったら，日本語で早口言葉に挑戦してみましょう。

1. スモモも，モモも，モモのうち。
2. 生タマネギ，干しタマネギ，半生タマネギ。
3. なせばなる，なさねばならぬ何事も。なさぬは人の，なさぬなりけり。
4. あやしい　いやしい　羨ましい　優しい　悔しい　いやらしい。
5. ラクダに乗るのは楽だろうか，苦だろうか。そりゃこちらは楽だが，ラクダは苦だろう。
6. お綾や親にお謝り，お綾やお湯屋へ行くと八百屋にお言い。

C．腹式呼吸に挑戦する

私たちが無意識のうちに呼吸をしているときは胸式呼吸をしています。これは別名肋骨呼吸法と言い，激しい運動の後にハアハアと息をするのも胸式呼吸法です。

腹式呼吸は横隔膜呼吸とも言い，肺の下にある横隔膜が上下に動くことによって呼吸する方法です。つまり，空気を鼻や口から吸い込んだときに，お腹が膨れ，息を吐き出したときにお腹がへこむ呼吸法です。花の香りを嗅ぐときには，誰でも腹式呼吸をしています。腹式呼吸は，横隔膜や腹壁を動かしたりすることで，内臓器官を

マッサージするような効果があります。そこで、内臓を丈夫にするのに役立つと言われ、腹式健康法という言葉もあるくらいです。次の練習に挑戦してみましょう。

ステップ1：口から息を完全に吐く。
ステップ2：鼻から息を十分に吸う。(花の香りを嗅ぐように)
ステップ3：数秒間、息を止める。
ステップ4：ア———— と、息が続く限り発声する。
(お腹が徐々にへこんでくるのを実感してみましょう。その際、前かがみになってしまい、背中が丸くならないように気をつけましょう)
ステップ5：口から息を完全に吐く。
ステップ6：口から息を十分に吸う。
ステップ7：数秒間、息を止める。
ステップ8：アッ、アッ、アッ、アッと、息が続く限りスタッカートで発声する。

腹式呼吸の仕方がわからないときは、ペットボトルなどを口にくわえ、ボトルがへこむくらいに深く息を吸い込む練習をすると感覚がつかめます。「ア」だけではなく、時間の許す限り、五十音の他の音でもやってみましょう。

③ 英語の正しい発音

ここでは，発音記号と「魔法の仮名」を使いながら，英語の発音を一音ずつ復習し，その後に基本的な英語の音声表現法を学びます。

(1) 発音記号について

発音記号が読めると，知らない単語が出てきても辞書を引くことによって，その単語の正しい発音がわかります。日本で出版されている辞書や教科書で使われている発音記号は，次のページにあげた表のように数種類あります。母音の表記の違いに最初は戸惑うかもしれませんが，表を見ながら慣れることが大切です。

(2)「魔法の仮名」について

「魔法の仮名」（商標登録済み）は，発音記号にアレルギーのある人のために私が長年かけて考案したものです。「魔法の仮名」は漢字に付けたルビ（ふりがな）のような，また自転車の補助輪のようなもので，平仮名とカタカナという日本の文字を使って，限りなく実際のアメリカ発音に近い発音を再現した発音表記法です。

「魔法の仮名」は，英単語のレベルにとどまらず，文章のレベルにまで及んでいるので，日本人には習得しにく

[辞書別母音発音記号対照表]

出版社／辞書名／年 単　語	旺文社／ レクシス英和／ 〈初版〉2003	研究社／ ライトハウス英和／ 〈第4版〉2002	
1. eat	iː	iː	
2. thing	ɪ	ɪ	
3. vest	e	e	
4. cat	æ	æ	
5. calm	ɑː	ɑː	
6. fox	ɑ	ɑ	
7. chalk	ɔː	ɔː	
8. zoo	uː	uː	
9. book	ʊ	ʊ	
10. gun	ʌ	ʌ	
11. about	ə	ə	
12. teacher	ə*r*	ɚ	
13. word	əː*r*	ɚː	
14. may	eɪ	eɪ	

三省堂／ ウィズダム英和／ 〈初版〉2003	小学館／ プログレッシブ英和中／ 〈第4版〉2003	大修館／ ジーニアス英和／ 〈第3版〉2001	大修館／ ジーニアス英和大／ 〈初版〉2001
iː	iː	iː	iː
ɪ	i	i	ɪ
e	e	e	e
æ	æ	æ	æ
ɑː	ɑː	ɑː	ɑː
ɑ	ɑ	ɑ	ɑ
ɔː	ɔː	ɔː	ɔː
uː	uː	uː	uː
ʊ	u	u	ʊ
ʌ	ʌ	ʌ	ʌ
ə	ə	ə	
ə*r*	ə*r*		
əː*r*	əː*r*		əːʳ
eɪ	ei		eɪ

1章 基礎練習 Warm-up Exercises

出版社／辞書名／年 単　語	旺文社／ レクシス英和／ 〈初版〉2003	研究社／ ライトハウス英和／ 〈第4版〉2002
15. high	aɪ	
16. joy	ɔɪ	
17. cow	aʊ	
18. rope	oʊ	
19. year	ɪə*r*	
20. there	eə*r*	
21. star	ɑː*r*	
22. door	ɔː*r*	
23. poor	uə*r*	
24. fire	aɪə*r*	
25. shower	aʊə*r*	
26. player	eɪə*r*	
27. lower		
28. employer		

24

三省堂／ウィズダム英和／〈初版〉2003	小学館／プログレッシブ英和中／〈第4版〉2003	大修館／ジーニアス英和／〈第3版〉2001	大修館／ジーニアス英和大／〈初版〉2001
aɪ	ai	ai	aɪ
ɔɪ	ɔi	ɔi	ɔɪ
au	au	au	aʊ
ou	ou	ou	oʊ
ɪə*r*	iə*r*	iə*r*	ɪəʳ
eə*r*	ɛə*r*	eə*r*	eəʳ
ɑːr	ɑːr	ɑːr	ɑəʳ
ɔːr	ɔːr	ɔːr	ɔəʳ
uə*r*	uə*r*	uə*r*	ʊəʳ
aɪə*r*	aiə*r*	aiə*r*	aɪəʳ
auə*r*	auə*r*	auə*r*	aʊəʳ
eɪə*r*	eiə*r*	eiə*r*	eɪəʳ
ouə*r*	ouə*r*	ouə*r*	oʊəʳ
ɔɪə*r*	ɔiə*r*	ɔiə*r*	ɔɪəʳ

い，英語のリズム，文章中の音の連結，脱落，同化などの音声変化が一目瞭然にわかります。

本書では，気をつけたい発音には，「魔法の仮名」がついています。「魔法の仮名」を学ぶと，発音記号まで容易に読めるようになります。

A.「魔法の仮名」の読み方

「魔法の仮名」は，大・中・小の文字の大きさの違いがあり，アクセントのある母音を大きく，太字で表しています。大きく，太い文字を最も強く，小さく，細い文字を弱く区別しながら発音します。

特殊な記号の読み方

1. ― の読み方

前の音を長く伸ばす記号。発音記号では／:／が音を伸ばすことを表す長音符号。

2. - の読み方

前の音を少しだけ伸ばして発音する記号。1.の［―］ほどは，長く伸ばさない。

3. 〜の読み方

綴りに r があると，アメリカ音では r の音を響かせ，カメレオンのように，舌を上に巻いて発音する。［ウ〜］のような音。

4. ―〜の読み方

カラスのように，口を縦に大きく開けて，［アー］と伸

ばしてから，舌を上に巻いて発音する。

5. 〜——の読み方

舌を上に巻いて発音してから，少し音を伸ばす。

6. •の意味

語または文を，発音しやすいように，少しだけ息継ぎをしてもよいことを表す記号。

7. (　)の意味

弱くなったり，聞こえなくなる音は，(　　)で囲んでわかりやすくしてある。

B.「魔法の仮名」と「発音記号」対照表

① 母音

TR2

「魔法の仮名」　　　　　　　「発音記号」

1. イー　　⟷　　/ iː /

唇を横に思いっきり引いて「イー」と発音する。

2. イ　　⟷　　/ ɪ /

日本語の「い」と「え」の中間の音。1.の「イー」ほどは，唇を横に引かない。

3. エ　　⟷　　/ e /

「エ」は，日本語（標準の）の「え」の音より，少しだけ口を縦に開けて発音する。

4. エア　　⟷　　/ æ /

唇を横に引き，「エ」の構えで「ア」と強く言う。「エア」，「メア」などは離さないで，一つの音として発音する。

1章　基礎練習 Warm-up Exercises

5. **アー** ←→ / ɑː /

　口を縦に大きく開け、音を伸ばして発音する。

6. **ア-** ←→ / ɑ /

　口を縦に大きく開けて発音する。少しだけ伸ばす。

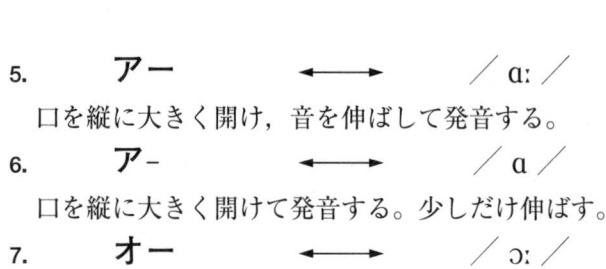

7. **オー** ←→ / ɔː /

　口を縦に大きく開け、遠くの人を「おーい」と呼ぶときに出る「おー」の音。

8. **ウー** ←→ / uː /

　唇を丸め、前に突き出し、「うー」と発音する。

9. **ウ** ←→ / ʊ /

　唇に力を入れずに発音する。日本人の耳には、「お」に近い音に聞こえがち。

10. **ア** ←→ / ʌ /

　口をあまり開けず、「アッ」と、口の奥から出す。「お」や「う」のような響きも持っている。

11. **ア** ←→ / ə /

　「あいまい音」と言われるくらい、弱く、ぼかして発音する。

12. **ウ〜** ←→ / ɚ /

　〜の記号が付いているので、巻き舌の構えのままで、口をあまり開けずに、弱い「ウ」を発音する。

13. **ウ〜ー** ←→ / ɚː /

　ーが付いているので、12.の「ウ〜」を長く伸ばして発音する。

② 二重母音・三重母音

二重母音・三重母音は，<u>必ず</u>最初の音を強く発音するが，あくまでも一つの音である。

14.　**エィ**　　⟵⟶　／eɪ／

「エ」を強く，「ィ」を添えるように発音。「エース」のように，「エィ」を「エー」のように伸ばさない。

15.　**アィ**　　⟵⟶　／aɪ／

日本語の「愛」にならないように，「ア」を強く，「ィ」を軽く続けて発音する。

16.　**オィ**　　⟵⟶　／ɔɪ／

口を縦に開けて「オ」と発音した後，「ィ」を軽く添える。日本語の「老い」よりも深い発音。

17.　**アゥ**　　⟵⟶　／aʊ／

「ゥ」よりも「ア」を強く発音する。日本語の「会う」にならないように注意。

18.　**オゥ**　　⟵⟶　／oʊ／

日本語の「負う」にならないように，「オ」を強く，「ゥ」を軽く添えて発音する。

19.　**イァ～**　　⟵⟶　／ɪɚ／

「イ」を強く発音した後に，「ァ」を巻き舌にして添えるように発音する。

1 章　基礎練習 Warm-up Exercises

20. **エァ〜** ⟷ /eɚ/

口を縦に大きく開ける感じで「エ」と言った後,「ア」を巻き舌にして添えるように発音する。

21. **アー〜** ⟷ /ɑɚ/

口を縦に大きく開け,あくびをしながら巻き舌にする感じで発音する。

22. **オァ〜** ⟷ /ɔɚ/

口を縦に大きく開け「オ」と言った後,「ア」を巻き舌にして添えるように発音する。

23. **ウァ〜** ⟷ /ʊɚ/

「ウ」と言った後,「ア」を巻き舌にして添えるように発音する。

24. **アィァ〜** ⟷ /aɪɚ/

15. の「アィ」の後に「ア」を巻き舌にして添えるように発音する。

25. **アゥァ〜** ⟷ /aʊɚ/

17. の「アゥ」の後に「ア」を巻き舌にして添えるように発音する。

26. **エィァ〜** ⟷ /eɪɚ/

14. の「エィ」の後に「ア」を巻き舌にして添えるように発音する。

27. **オゥァ〜** ⟷ /oʊɚ/

18. の「オゥ」の後に「ア」を巻き舌にして添えるように発音する。

28.　　**オィァ~**　　◀───▶　　/ɔɪɐ/

16.の「オィ」の後に「ァ」を巻き舌にして添えるように発音する。

③ 子音

29.　　プ　　◀───▶　　/p/

日本語の「ぷ」から「う」を除いた音。語中，語尾に来る「プ」はほとんど破裂しない。

30.　　ブ　　◀───▶　　/b/

発音の仕方は，「プ」と同じ。この「プ」と「ブ」は，無声音，有声音という対になっている。

31.　　ト　　◀───▶　　/t/

舌先を，上の歯茎か歯の裏に当てて発音する。語尾の「ト」は「オ」の母音を入れないで発音する。

32.　　ド　　◀───▶　　/d/

「ト」と口の構えは同じ。語尾の「ド」は「オ」の音を入れないように気をつける。

33.　　ク　　◀───▶　　/k/

日本語の「か」「き」「く」「け」「こ」から母音の「あ」「い」「う」「え」「お」を抜いた「ク」の音。

34.　　グ　　◀───▶　　/g/

「く」と口の構えは同じ。「グ」の後ろに日本語の「う」を付けないように注意する。

1章　基礎練習 Warm-up Exercises

35.　ふ　　　　　⟷　　　　／f／

　上の歯を下唇に当てるか，噛むようにして発音する。平仮名を使って表した音は特に注意する。

36.　ぶ　　　　　⟷　　　　／v／

　「ふ」と同じ口の構えをする。アルファベットのBとVの区別に注意する。

37.　と　　　　　⟷　　　　／θ／

　thは，舌の先を，上と下の歯の間から少し出して発音する。語尾のthは「と」で表しているが，他は次に来る母音によって「た」「て」「と」のいずれかになる。

38.　ど　　　　　⟷　　　　／ð／

　口の構えは37.と同じ。綴りがthで有声音の場合は，平仮名の「だ」「で」「ど」で表す。

39.　ス　　　　　⟷　　　　／s／

　日本語の「す」から「う」を取り除いた，息のような発音。

40.　ズ　　　　　⟷　　　　／z／

　「ス」と同じ口の構えで，舌先を上の前歯の後ろに近づけて，そのすきまから「ず」と言うように声を出す。

41.　シユ　　　　⟷　　　　／ʃ／

　唇をタコのように，前に突き出して発音する。野良猫を「シッ，シッ」と追い払うときに出すような音。

42.　ジユ　　　　⟷　　　　／ʒ／

　「シユ」と同じ口の構えで発音する。この発音は，語頭

には現われない。

43. チ ←→ /tʃ/

舌の先を上の歯の裏に当てながら，唇をタコのように前に突き出して発音する。

44. ヂ ←→ /dʒ/

口の構えは，「チ」と同じ。「チ」の有声音。

45. ハ ←→ /h/

この音は，ガラスを磨くときに「ハッ，ハッ」と出すような息の音。語尾には現われない。

46. ム ←→ /m/

上下の唇を閉じたまま，音を鼻に響かせて「ンームッ」と強く言うと感じがつかめる。

47. ン／ン(ヌ) ←→ /n/

日本語の「な行」の発音だが，単語の最後に来るnは，[ンヌ]のように発音する。

48. ン(グ) ←→ /ŋ/

語尾が -ing のときに現われる音。日本語の鼻濁音のように「ンㇰ゚」と，声を鼻に抜く。

49. ル ←→ /l/

舌の先を，上の前歯の歯茎の内側に軽く当てて発音する。語中や語尾のlは，「ウ」のように発音するのがコツ。

50. (ゥ)ラ ←→ /r/

rの綴りを表す発音は，前に軽く「ウ」を付けてから「ゥラ」，「ゥリ」のように巻き舌で言うとよい。

51. い ⟷ /j/

「イュ」,「イェ」のように発音すると「い」に近い音が出る。「い」の後ろに「イ」が来る発音には注意が必要。

52. う ⟷ /w/

唇を前に丸く突き出して発音する。「う」の後ろに「ウ」が来る発音には注意する。

④ 注意すべき「魔法の仮名」

「魔法の仮名」では,子音よりも強く読まれる母音のほうを,理屈通りに,大きな文字で表しています。日頃から見慣れているカタカナ英語の表記とは異なりますので,その中の代表的なものを,復習してみましょう。じきにこの表記法の方が,発音しやすく,理にかなっていることがわかるでしょう。

tea	テ**イ**ー
D	デ**イ**ー
thick	て**イ**ッ(ク)
this	で**イ**ス
two	ト**ウ**ー
do	ド**ウ**ー
sea	ス**イ**ー
Z	ズ**イ**ー

C. 単語と文章を発音記号と「魔法の仮名」で読む練習

次の単語と文章が，発音記号と「魔法の仮名」で読めるか自己採点をしてみましょう。

TR7

1. /ǽpl/ エア・プゥ apple
2. /tíːtʃɚ/ テイー・チユ〜 teacher
3. /jíɚ/ ぃイア〜 year
4. /dʒəpǽn/ ヂヤ・ペアン(ヌ) Japan
5. /báks/ バ-クス box
6. /óʊld/ オウゥ(ド) old
7. /θíŋ/ てイン(グ) thing
8. /ðéɚ/ でア〜 there, their
9. /ʃíp/ シッ(プ) ship
10. /pléʒɚ/ プレ・ジユ〜 pleasure
11. /dʒ uhǽvə n óʊld réɪdioʊ/
    ヂユ・ヘア・ぶア・ノウゥ(ド) (ウ)レイ・デイ・オゥ
    Do you have an old radio?

1章 基礎練習 Warm-up Exercises

④ 日本語発音の癖から抜け出し，英語らしい発音を目指すコツ

以下で扱っているのは，長年日本語を母国語として話してきた人が，日本語の発音の癖から抜け出し，自然な英語の発音やリズムに近づくための基本的なルールを示したものです。CDを聴きながらくり返し練習してみましょう。

(1) はねたり，つまらせたりする発音からの脱却

日本人はカタカナ英語に引っ張られて，英語をはねたり，つまらせたりして発音する癖がありますので直すようにしましょう。

TR8
1. ハッピー   happy
2. キッチン   kitchen
3. ヒット   hit
4. ランニング   running
5. コットン   cotton

(2) 子音連続・子音連結

英語の子音連続という現象は，日本語にはないのでよく練習する必要があります。母音の前に来る子音連続と，単語の途中や最後に来る子音連続があります。不必要な母音を入れないで発音してみましょう。d<u>o</u>-ri-n-k<u>u</u> や p<u>u</u>-le-i のように，余分な母音を入れて発音してはいけません。

1. dri<u>n</u>k
2. <u>p</u>lay
3. <u>sm</u>ile
4. <u>spr</u>ing
5. intr<u>od</u>uction
6. sus<u>pect</u>
7. mil<u>k</u>
8. la<u>mp</u>
9. le<u>nd</u>
10. atte<u>mpt</u>

(3) 単語のアクセント

英語の単語はそれぞれアクセントの位置が決まっていて，この位置を間違えると理解されなくなります。個々の単語のアクセントの位置に気をつけ，アクセントの位置がわからない場合は，必ず辞書で調べましょう。

(4) 句アクセントと複合語のアクセント

単語の発音は聞き取れても，句や文になると，聞き取りが難しくなるのは，主に英語独特のリズムや句，文アクセントの問題があるためです。弱く，短く発音される音節の発音に慣れること，特に機能語（接続詞，冠詞，前置詞，助動詞，be動詞など）は，弱く発音されることをおぼえておきましょう。日本人に難しい複合語のアクセントの型にも慣れておきましょう。

① 第1アクセント＋第1アクセント
fírst cláss, hóme rún, cóld dáy, Sám's bóok, pút óut

② 第1アクセント＋第2アクセント
hómewòrk, tomáto jùice, wáterfàll, bírd wàtching

1章 基礎練習 Warm-up Exercises

③ 強アクセントと弱アクセントの混合型

fírst of áll, It's nót for hím.

④ 句アクセントと複合語のアクセントの比較

whíte hóuse（白い家） － Whíte Hòuse（ホワイトハウス）
dárk róom（暗い部屋） － dárkròom（暗室）
gréen hóuse（緑の家） － gréenhòuse（温室）
gránd fáther（偉大な父） － grándfàther（祖父）
dáncing gírl（踊っている女の子） － dáncing gìrl（ダンサー）
sléeping báby（眠っている赤ん坊） － sléeping bàg（寝袋）
réd cáp（赤い帽子） － rédcàp（鉄道などの駅にいる赤帽）
Gérman téacher － Gérman tèacher
（ドイツ人の先生） （ドイツ語の先生）

(5) アクセントの移動と文アクセント

単独で発音するときに後ろにアクセントが来る語，または第1，第2アクセントのように二つ強勢がある語の場合，同等強勢語などの名詞が後ろに来ると，前の語のアクセントの位置が移動することがありますので，注意しましょう。

1. Japanése → Jápanese péople
2. New Yórk → Néw York Cíty
3. afternóon → áfternoon téa
4. sixtéen → síxteen ápples

(6) 強弱のリズムが時間的に等間隔に現われる例

文の中でも，英語は強弱のリズムを崩すことはありません。強弱のリズムがほぼ等しい間隔で現われるという特徴がありますので，手で拍子をとるなどして英語のリズムを身につけましょう。

A. Gírls éat cóokies.
   The gírls éat cóokies.
   The gírls éat the cóokies.
   The gírls will éat the cóokies.
   The gírls will have éaten the cóokies.

B. Stúdents síng sóngs.
   The stúdents síng sóngs.
   The stúdents will síng sóngs.
   The stúdents will síng the sóngs.

52ページにリズム感を身につけるための朗読題材をご紹介してありますので，楽しみながら練習してください。

(7) 大切なイントネーション・パターン

イントネーションは発話における声の高低・上下の動きのことで，言語のメロディーと言えます。話し手の気持ちを表したり，いろいろな情報を伝えますが，イントネーションの違いで話の内容まで変わってしまうことがあるので，基本的なルールは知っておくべきです。

① 下降調イントネーション

1. 平叙文　　　　　She's very kind↘.
2. 命令文　　　　　Give me a call later↘.
3. 感嘆文　　　　　What a wonderful story↘!
4. 特殊疑問文　　　How may I help you↘?

② 上昇調イントネーション

5. Yes, No で答える疑問文

   Can you play the violin ↗?

6. 丁寧な命令文，依頼，勧誘

   Could you open the window ↗?

   Won't you have some tea ↗?

7. 平叙文（言外の意味を含む）

   He isn't a bad player ↗.（悪くはないが良くもない）

8. 形は平叙文でも内容が疑問文の場合

   He's a dentist ↗?

   You're tired ↗?

③ 注意すべきイントネーション

同じ文章でもイントネーションの型が変わると，意味まで変わるので気をつけましょう。

9. 選択疑問文

   Do you want beer ↗or wine↘?
   ビールがいいですか，それともワインがいいですか？

   Do you want beer or wine ↗?
   何かアルコール類をお飲みになりますか？

Which color do you like better↘, red ↗ or green↘?

赤と緑では，どちらの色がお好きですか？

Who is older↘, Tom ↗ or Dave↘?

トムとデイヴのどちらが年齢が上ですか？

10. 付加疑問文

Ben has finished his homework↘, hasn't he ↗?

ベンは宿題を終えましたか？

Ben has finished his homework↘, hasn't he↘?

ベンは宿題を終えましたよね。

You can speak French↘, can't you ↗?

あなたはフランス語が話せますか？

You can speak French↘, can't you↘?

あなたはフランス語が話せますよね。

11. 文頭に if や when などで始まる従属文が来る場合

If I'm not tired ↗, I may go to the party↘.

12. and や or で語（群）を列挙する場合

She's kind, pretty, and intelligent↘.

（注：kind, pretty の後ろを上昇イントネーションにすることも多い）

(8) 強調と対比の仕方

ある語を強調したり，他との対比を示す場合にも，強調したい語にストレスを置くのが原則です。

（強調の例）

I dó love you.　　　　　　　　（強調の do）

I did go there yesterday. （強調の did）
He and his mother said so. （対比の例）
（彼だけでなく，彼のお母さんまでもが）
This is my idea, not your idea.
I like this, not that.

(9) 注意したい区切り方

書き言葉ではカンマ，コロン，セミコロンの箇所では意味に区切りがありますが，話し言葉でも当然適切な意味を伝えるために，区切りをする必要があります。区切ることによって，文の意味がよりはっきりする例を，まず日本語で見てみるとよくわかります。

a．午後／一時雪が降る。⇔午後一時／雪が降る。
b．庭には／二羽／鳥がいる。⇔二羽／庭には鳥がいる。
　　⇔庭には／鶏がいる。

次に英語で二つの単語が並んだ例と，文章のレベルでの練習をしてみましょう。

① 二つ以上の単語が並んだ場合の区切り方の違い

TR26

I scream	ice cream
a nice box	an ice box
great rain	gray train
a rose	arose
a tall	at all

② 区切り方で意味が変わる，わかりやすい例

How's your brother Daniel?（弟のダニエルさんは元気？）
How's your brother,／Daniel?

（ダニエルさん，弟さんは元気？）

③ 制限用法，非制限用法の違い

My son,／who is a dentist,／got divorced.

（息子は一人である）

My son who is a dentist／got divorced.

（息子は複数いる）

④ 挿入語，挿入句，挿入節の前後

The idea is,／however,／very impressive.
Mrs. Robinson is,／as I expected,／a very elegant lady.

⑤ 名詞節，副詞節の前後

I think／(that)she'll come back soon.
What you said／makes sense.
He was so angry／(that)he rejected the offer.

⑽ 音の連結

英語は実際話されると，二つの単語がつながって発音されることが多いので，この癖を身につけない限り，リスニングや発話に支障をきたします。十分練習を積みましょう。

① 文中の音の連結の例

Good evening.

Stand up.

Have a nice time.

Take off your hat.

He ran away.

② r 連結の例

語の終わりに r があると，r が次に来る母音とつながって，文の流れをスムーズにする現象が起きます。これを，r 連結と言います。

Come back before it is late.

Go for it!

Cheer up!

Do you have a pair of gloves?

We drove as far as New York.

(11) 音の脱落

① 母音の脱落

次の（　）で囲まれた音は，アクセントのない音節であるために母音が弱くなったり，あいまいになったり，時には聞こえなくなることがあります。

(A)merican, (a)round, s(u)rprise, p(o)lice,
(i)magine, Jack an(d) Jill, cream an(d) sugar

詩，小説，漫画などでは，脱落を視覚的に示すために，次のように表すこともあります。

'bout (about), cert'n (certain), 'scuse (excuse),
prob'ly (probably), 'cause (because),
'tween (between)

② 子音の脱落

1. /p, b, t, d, k, g/などの子音が語尾，句末，文末に来たり，これらの子音の後に，他の子音が連続する場合，音が聞こえなくなることがあります。弱くなったり，聞こえなくなる音は（ ）で囲んであります。

ste(p) child, workin(g), was(te) basket, ou(t) put,
pum(p)kin, tha(t) pen, hi(de) them, lan(d) lord

2. 同じ子音（主に破裂音）や発音の仕方が似た音が連続する場合に子音が聞こえなくなったり，音を引き伸ばしたりします。

ta(ke) care, dee(p) pond, poli(ce) station,
boo(k)case, coul(d) talk, enou(gh) food, ho(t) tea,
wi(th) thanks, a(s) sugar

③ 人称代名詞の he, his, him, her の h /h/や，they, their, them の th /ð/の音が脱落する。

No, (h)e doesn't.
I'll get (h)er.

So (h)e said.

I've heard from (h)im.

Please take (th)em off.

④ 歴史的脱落

もともとは発音されていた音が，歴史的過程の中で発音されなくなってしまった例。これには，発音に合わせて綴りが変わったものと，綴りはそのままのものとがあります。

han(d)some, cu(p)board, Chris(t)mas, han(d)kerchief

⑿ 音の同化

語末にある子音は，次に来る語頭の/j/と影響し合って異なった音になったり，隣り合わせの音が影響し合って，音が変わったり，無声化したりすることがありますので，慣れておきましょう。また，くだけた会話や話すスピードが速くなると，(助)動詞 + to + 動詞がつながって，9. から 13. の矢印の右側に書いてあるような，くだけた発音になることがあります。

1. /t+j/ → /tʃ/　　I want you to go there.
2. /d+j/ → /dʒ/　　Could you open the window?
3. /s+j/ → /ʃ/　　Bless you.
4. /z+j/ → /ʒ/　　Eat as much as you like.
5. /k+j/ → /kj/　　Thank you for everything.

6. /l+j/ → /lj/		Will you go to the party?
7. /s+ʃ/ → /ʃ/		This shirt is very expensive.
8. /v+k/ → /f+k/		Of course I will.
9. going to	→	gonna
10. want to	→	wanna
11. have to	→	hafta
12. has to	→	hasta
13. got to	→	gotta

⒀ 母音にはさまれた/ t , d / の発音

　母音にはさまれた/t/ や/d/ の発音は，アメリカ英語では日本語の「ラ行」の発音に近く，柔らかく聞こえます。later が「レイタ」ではなく，「レイル」のように，video が「ビデオ」でなく「ヴィリオウ」のように聞こえるのもこのためです。「ラ行」になる/t/ や/d/ は，発音記号の下に・を付けて表している辞書もあります。

　母音にはさまれた/ t , d / の発音の例：2 種類

1. better　　2. city
3. radio　　4. meeting
5. spaghetti　6. a lot of
7. a bit of　　8. read it
9. did it　　10. put it

spaghetti!
スパ・**ゲリ**ー

5　効果的な朗読を目指す音声表現法について

(1) 朗読する速度について

　朗読する速度は，朗読者に与えられた制限時間，作品の長さ，作品の種類や内容によって決めます。しかし聴衆の数，年齢，知的レベル，会場の大きさなどによっても声の大きさや速度を微妙に変える必要がありますので，一概に1分間に何語というように決めるのは困難です。ネイティヴの人が，聞きやすい速さで普通の文章を読み上げるときは，およそ1分間に150語前後を読んでいることを練習のときに頭に置いておくとよいでしょう。

話す，読み上げる速度を速める効果的な方法

　明瞭な発音で聞きやすい話し方をすることが何よりも大切ですが，56ページでご紹介する早口言葉の練習以外に，一つだけ，話す速度を上げるために効果的な方法を紹介します。それは，大きな数を速く読んだり，聞き取ったりする方法です。次の15桁の数を，英語で速く言ってみてください。

352,018,137,674,593

　答えは，three hundred fifty-two trillion, eighteen billion, one hundred thirty-seven million, six hundred seventy-four thousand, five hundred ninety-three.

このような練習を，私は毎時間のように授業の一部を使って行いますが，受講生は嬉々としてこの練習に参加し，読み上げと聞き取りの能力を上げていきます。初めは3桁から始めますが，15桁を楽々と読み上げたり，聞き取ったりするのにはそれほど時間はかからず，その上達ぶりには目を見張るものがあります。受講生は，10種類の15桁の数を連続して読む練習にも，さほど苦労せずについてきます。そして読み上げの速度も，聞き取りの力も，みるみるうちに増します。

(2) 特定の箇所を際立たせるためのテクニック

　文章のある特定の箇所を際立たせるためには，次のような方法が一般的ですが，朗読する題材を読み込んでいくうちに，朗読者一人ひとりの個性が出てくるものです。

　① 声を強めたり，弱めたり，伸ばしたり，速度に変化を持たせる

　特定の箇所を際立たせるためにまず考えられるのは，音量を上げたり，強く読んだり，音を伸ばしたりすることですが，同時に他の箇所よりも音量を下げたり，弱く読むことでも際立たせることはできます。また，急に速度を変化させることでも効果があります。会話文，語りの文など，朗読する内容によっても読み方は変わるので，さまざまな種類の文に挑戦してみましょう。

下線の部分を強調する練習

Mr. Howard went to London last winter.
(Mrs.ではなく Mr.が〜)

Mr. Howard went to London last winter.
(Hopkins 氏ではなく Howard 氏が〜)

Mr. Howard went to London last winter.
(行かなかったのではなく，行ったのです)

Mr. Howard went to London last winter.
(Paris ではなく London に〜)

Mr. Howard went to London last winter.
(今年ではなく去年の〜)

Mr. Howard went to London last winter.
(春や夏や秋ではなく冬に〜)

② 効果的な間を取る

「間」は「魔」なり，と言った人がいると聞いたことがあります。確かに「間」，つまり効果的にある箇所にポーズを置くことで，朗読にメリハリができます。それでは，「生きた間」，「効果的な間」とはどのようなものを言うのでしょうか？

(ア) 聴衆がイメージを作り上げるのに程よい時間を与え，言外の意味までを考えさせる余裕を与える間。

(イ) 場面の転換や時間の経過を感じさせて，次の場面への心の準備を朗読者も聴衆もすることができる間。

(ウ) 受け身になっていた聴衆の関心を取り戻し，積極的

に作品に参加させることのできる間。

(エ) 文の構造や意味を明確にする間。

　言うまでもなく、間の取り方は朗読題材となっている作品の種類、内容、場面によって異なりますので、作品をよく読み込み、理解することが先決です。その上で、何度も声に出して練習し、自分自身の解釈を深めながら、間の取り方に工夫を加えていきましょう。

間の取り方の練習

Ann smiled/and left New York. //Twenty years later, she came back again to New York. (smiled と left の間に間を置き、時間が流れていることを表すように読みます。//の箇所では、20年の時の流れを聴衆に感じさせるように読んでみましょう。)

　③　5種類の感情を表現する練習

　同じ文であっても、読み上げ方によって、さまざまな感情を表すことができます。ここでは短い表現を、5種類の感情で読む練習をします。メッシンヂャー先生による感情表現法を参考にしながら、何回も練習してみましょう。次第に照れくささもとれて、伸び伸びと感情表現ができるようになるはずです。他の文章でも練習してみましょう。

【1】　☹怒りながら Thank you.　　☺嬉しそうに Thank you.
　　　😓急いでいる様子で Thank you.
　　　😢泣きながら Thank you.　　😄笑いながら Thank you.

【2】　☹怒りながら Goodby.　　　☺嬉しそうに Goodby.

1章　基礎練習 Warm-up Exercises

😠急いでいる様子で Goodby.　😢泣きながら Goodby.
😄笑いながら Goodby.

【3】😠怒りながら Hello.　　　😊嬉しそうに Hello.
😤急いでいる様子で Hello.
😢泣きながら Hello.　　　😄笑いながら Hello.

④　非言語表現を使えるようにする

　とかく日本人は表情に乏しいと言われがちです。しかし効果的な朗読を目指すには，顔の表情，視線，ジェスチャーなどの非言語表現にも気を配る必要があります。訓練を重ねることで，作品の内容に適した非言語表現にも磨きがかかります。プロ，アマを問わず，他人の演劇，朗読などを鑑賞する機会を増やし，客観的に非言語表現を見て感じ取り，自分でも実践してみて，それを鏡に映したり，ビデオ撮りして自らの状態を客観的に見る努力を忘れないようにしましょう。TV を見る際も，画面に映っている人々の非言語表現にも関心を持つと多くを学ぶことができます。

(3) リズム感を身につけるための練習

　39 ページで，英語では強弱のリズムが時間的に等間隔で現われることを説明しました。ここでは，英語のリズムを身につけるための朗読題材をご紹介しますので，CD に吹き込まれたメッシンヂャー先生の朗読を参考にしながら，手で拍子をとるなどしてくり返し練習しましょ

う。4.と 6.は朗読だけではなく，歌を歌いながらも練習できるようになっています。

　本書では，これからご紹介する朗読題材に出てくる単語のうち，発音が難しいものを「魔法の仮名」で表記してありますので，参考にしてください。音声変化に関しては，前に説明したことを思い出しながら，模範朗読を聞いて確認してみましょう。(→ 和訳は巻末参照)

1. **Pat-a-cake, pat-a-cake**

TR47

Pat-a-cake, pat-a-cake, baker's man,
Bake me a cake as fast as you can.
Roll it, and prick it, and mark it with "B",
And put it in the oven for Baby and me!

2. **For want of a nail**

TR48

For want of a nail the shoe was lost,
For want of a shoe the horse was lost,
For want of a horse the rider was lost,
For want of a rider the battle was lost,
For want of a battle the kingdom was lost,
And all for the want of a horseshoe nail.

3. Ice cream, a penny a lump

I scream,

You scream,

We all scream

For ice cream!

4. Jack and Jill

Jack and Jill

Went up the hill

To fetch a pail of water.

Jack fell down,

And broke his crown,

And Jill came tumbling after.

5. Georgie Porgie

Georgie Porgie, puddin' and pie,

Kissed the girls and made them cry.

When the boys came out to play,

Georgie Porgie ran away.

6. Row, row, row your boat

Row, row, row your boat

ヂ**エ**ン(ト)・リ－　　　　　　　　　スト(ウ)**リ**ーム
Gently down the stream.
メ(ウ)リ・リ－
Merrily, merrily, merrily, merrily,
　　　　　　　　　ド(ウ)**リ**ーム
Life is but a dream.

7. **Five little monkeys jumping on the bed**

　　　　　　　　　マンキ－ズ
Five little monkeys jumping on the bed,
　　　　　　　　　　　　　　　バン(プト)
One fell off and bumped his head.
マーマ　　**コ**ーウ(ド)　　　　**ダ**－(ク)・トウ～
Mama called the Doctor and the Doctor
セッ(ど)
said,
"No more monkeys jumping on the bed!"

1章　基礎練習 Warm-up Exercises

(4) ウオーミングアップのための早口言葉

聞きやすい朗読を目指すために，ここでは英語の早口言葉を練習します。速さにばかりこだわらず，まずは正しい発音で朗読することが大切です。CDでは，メッシンヂャー先生が最初は速度を抑え，二度目は早口で朗読されていますので，まずは真似をしながら早口言葉の醍醐味を味わってみましょう。（→ 和訳は巻末参照）

Tongue Twisters

1. A noisy noise annoys an oyster.
2. Six selfish shellfish.
3. Raw wheat, raw rice, raw eggs.
4. If he slipped should she slip?
5. Black bug's blood, black bug's blood.
6. Supercalifragilisticexpialidocious
7. She sells seashells by the seashore.
8. Six slippery, sliding snakes.
9. Tie twine to three tree twigs.
10. Thirty-three thin thermometers.
11. The sixth Sheik's sixth sheep's sick.
12. Sister Susie sipped spicy soup.

13. Double bubble gum blows bigger bubbles.
14. Plump purple Persian plums.
15. I bought a box of biscuits and a box of mixed biscuits.
16. Does your shirt shop stock short socks with spots?
17. A skunk sits on a stump. The stump thinks the skunk stinks; but the skunk thinks the stump stinks.
18. Peter Piper picked a peck of pickled peppers;

A peck of pickled peppers Peter Piper picked.

But if Peter Piper picked a peck of pickled peppers,

Where is the peck of pickled peppers Peter Piper picked?

1章 基礎練習 Warm-up Exercises

19. How much wood would a woodchuck chuck,

If a woodchuck could chuck wood?

He would chuck what wood

a woodchuck could chuck,

If a woodchuck could chuck wood.

20. Betty Botter bought some butter,

But, she said, the butter's bitter;

If I put it in my batter

It will make my batter bitter,

But a bit of better butter

Will make my batter better.

So she bought a bit of butter

Better than her bitter butter,

And she put it in her batter

And the batter was not bitter.

So t'was better Betty Botter bought

a bit of better butter.

Better Botter, oh dear!

(5) 上達への早道

1章のまとめとして、上達への早道をお教えしましょう。それは特に目新しいことではありません。聴衆の前で練習する回数を増やすことこそが、上達への早道なのです。一人で何度も練習することはもちろん大切ですが、朗読者の腕を磨いてくれるのはやはり、聴衆の厳しい、客観的な目や反応なのです。場数を踏む以外に、上達への早道はありません。

著者の留学時代のメッシンヂャー先生

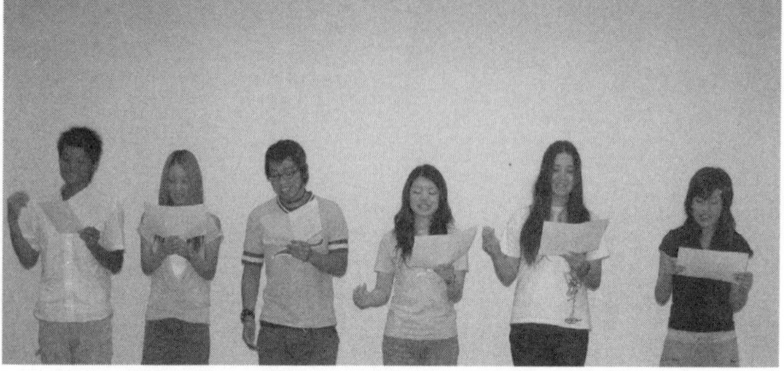

2 章
諺(ことわざ)
Proverbs

　諺には人間の知恵がつまっています。短い言葉で表された諺を英語で朗読したり暗誦したりすると，英語が心の底まで，ゆっくりと浸透してゆくのが感じられるはずです。スピーチの中にも使うことができますから，暗記してしまうほどくり返し朗読してみましょう。個々の単語の意味がわからない場合は，辞書を引いて確認する癖をつけましょう。

1. Well begun is half done.
   (始めよければ，終わりよし)
2. There is no royal road to learning.
   (学問に王道なし)
3. Knowledge is power.
   (知識は成功の母)
4. Diligence is the mother of success.
   (勤勉は成功の母)
5. Practice makes perfect.
   (習うより，慣れろ)
6. Many smalls make a great.
   (塵も積もれば山となる)
7. We live and learn.
   (習うは一生)
8. There is no time like the present.
   (思い立ったが吉日)
9. Still waters run deep.
   (能ある鷹は爪を隠す)
10. The eyes have one language everywhere.
    (目は口ほどに物を言う)

11. A friend in need is a friend indeed.
    (困ったときの友こそ真の友)
12. Look before you leap.
    (転ばぬ先の杖)
13. When in Rome, do as the Romans do.
    (郷に入っては，郷に従え)
14. The early bird catches the worm.
    (早起きは三文の得)
15. A tall tree catches much wind.
    (出る杭は打たれる)
16. Out of sight, out of mind.
    (去る者は，日々に疎し)
17. Sense comes with age.
    (亀の甲より，年の功)

2章 諺(ことわざ) Proverbs

18. Seeing is believing.
   (論より証拠)
19. Step after step goes far.
   (千里の行も足下より始まる。千里の道も一歩から)
20. Anger punishes itself.
   (短気は損気)
21. No pains, no gains.
   (苦は楽の種)
22. Slow and steady wins the race.
   (急がば回れ)
23. He that hunts two hares loses both.
   (二兎を追う者は，一兎をも得ず)

3章
名言・名文
Famous Phrases

　日常生活を豊かにしてくれる名言・名文はたくさんあります。ここでは声に出して何度くり返しても飽きることがないような，心に響く言葉をご紹介しますので，日々の心の糧にしてください。ここでは名言・名文を残した人の名前のみを載せてありますが，興味がある人物については，人名辞典などを参考にしながら，より深く研究してみましょう。

名言

1. Nothing great was ever achieved without enthusiasm.

   (熱意がなくて，偉業がなされた試しはない)

   エマソン (Ralph Waldo Emerson, 1803-1882) アメリカの詩人，思想家。

2. A lie never lives to be old.

   (嘘はいつかはばれるものだ)

   ソクラテス (Sōkratēs, 470-399B.C.) 古代ギリシャの哲学者。

3. It is not enough to be busy. The question is what we are busy with.

   (忙しいだけでは十分ではない。問題は，何で忙しくしているかだ)

   ヘンリー・ソロー (Henry Thoreau, 1817-1862) アメリカの思想家。

4. Better late than never.

   (遅れても，しないよりはまし)

   リウィウス (Livius, 59B.C.-17A.D.) ローマの歴史家。

5. To wish to be well is a part of becoming well.

   (健康でありたいと願うことが，健康になるための一部分なのだ)

   セネカ (Lucius Annaeus Seneca, 5B.C.-65A.D.) 哲学者，政治家，著述業。

6. Early to bed and early to rise, makes a man healthy, wealthy, and wise.

(早寝, 早起きは人を健康で, 裕福で, 賢くするものだ)

   ベンジャミン・フランクリン (Benjamin Franklin, 1706-1790) アメリカの科学者, 政治家。

7. The longest journey is the journey inward.

(最長の旅とは, 自らの心に向かう旅である)

   ハマーショルド (Dag Hammarskjöld, 1905-1961) スウェーデンの政治家, 経済学者。元国連事務総長。

8. At the touch of love, everyone becomes a poet.

(人を愛すると, 誰でも詩人になるものだ)

   プラトン (Platōn, 428 頃-347B.C.) ギリシャの哲学者。

9. Once a decision was made, I did not worry about it afterward.

(一度決めたら, 私は悩まなかった)

   トルーマン (Harry S. Truman, 1884-1972) アメリカの第 33 代大統領。

10. All our dreams can come true — if we have the courage to pursue them.

(夢を求め続ける勇気さえあれば, あらゆる夢は叶えられる)

   ウォルト・ディズニー (Walt Disney, 1901-1966) アメリカの芸術家, 映画制作者。

3章 名言・名文 Famous Phrases

11. Love is not for making us happy, but for showing how strong we can be toward patience and suffering.

(愛は我々を幸福にするためにあるのではない。愛は，我々が忍耐と悩みに対して，どれだけ強くあり得るかを示すためにあるのだ)

ヘルマン・ヘッセ (Herman Hesse, 1877-1962) ドイツの小説家, 詩人。

12. If you want to be loved by people, you have to love them in the first place.

(愛されたければ，まずあなたが人を愛しなさい)

セネカ (Lucius Annaeus Seneca, 5B.C.-65A.D.) 哲学者, 政治家, 著述業。

13. A thing of beauty is a joy forever.

(美しいものは永遠の喜びである)

キーツ (John Keats, 1795-1821) イギリスの詩人。

14. Genius is one percent inspiration and ninety-nine percent perspiration.

(天才とは，1パーセントのインスピレーションと 99 パーセントの汗である)

エディソン (Thomas Edison, 1847-1931) アメリカの発明家, 物理学者。

15. If there are those who are not successful, that is because effort and thinking are neglected.

(成功しない人がいるとするなら，それは努力と思考を怠るためなのだ)

 エディソン (Thomas Edison, 1847-1931) アメリカの発明家, 物理学者。

16. Live as if you were to die tomorrow. Learn as if you were to live forever.

(明日死んでしまうかのように生きなさい。永遠に生きるかのように学びなさい)

 マハトマ・ガンディー (Mahātma Gāndhi, 1869-1948) インドの偉大な政治家, 平和運動家。

17. The important thing is never to stop questioning.

(大切なことは，疑問を持ち続けることだ)

 アインシュタイン (Albert Einstein, 1879-1955) ドイツで生まれ, 1940 年にアメリカの市民権を取得。ガリレオとニュートンに並ぶ偉大な宇宙論の思想的革新者。

18. I want to go on living even after my death.

(私は死んだ後も生き続けたい)

 アンネ・フランク (Anne Frank, 1929-1945) ドイツの日記作者, 強制収容所の犠牲者。

3 章　名言・名文 Famous Phrases

19. The best and most beautiful things in the world cannot be seen or even touched. They must be felt.

(この世で最も優れたもの，最も美しいものは，見たり触れたりすることはできません。それらは心で感じるものだからです)

ヘレン・ケラー (Helen Keller, 1880-1968) 病気により視力，聴力を失ったアメリカの著述家。

20. Art washes away from the soul the dust of everyday life.

(芸術とは，日々の暮らしの埃を魂から洗い流してくれるものだ)

パブロ・ピカソ (Pablo Picasso, 1881-1973) スペインの画家，彫刻家。美術の最大巨匠。

21. Wear a smile and have friends; wear a scowl and have wrinkles.

(微笑めば友達ができ，しかめっ面をすればしわができる)

ジョージ・エリオット (George Eliot, 1819-1880) イギリスの小説家。

22. Smile at each other, make time for each other in your family. Smile at each other.

(お互いに微笑み合いなさい。家族のために時間をさきなさい。お互いに微笑み合いなさい)

マザー・テレサ(Mother Teresa, 1910-1997)インドのキリスト教宣教師。

名文

　名言に酔いしれた後は，人気のある名文を二つご紹介しますので，くり返し朗読して，心に言葉を刻んでみましょう。

　最初の Children Learn What They Live（「子どもたちはこのようにして生き方を学ぶ」）は，1924 年生まれで現在南カリフォルニア在住であるドロシー・ロー・ノルト女史（Dorothy Law Nolte）が，1954 年に新聞のコラムに発表し大反響を呼んだものです。日本ではこの詩を掲載した「アメリカインディアンの教え」が 1990 年に出版されましたが，その本に掲載されている英語は，本書に掲載した原文とは異なります。1998 年にはアメリカでこの詩をタイトルにした本 Children Learn What They Live が出版され，大ベストセラーになり 10 ヶ国語に翻訳されました。日本でも「子どもが育つ魔法の言葉 for the Heart」として翻訳本が出版され話題になりました。形は 19 行からなる詩ですが，本書では，あえて名文の章にこの詩を入れました。子育てについて書かれたものですが，職場での人材育成，学校教育など，人を教育するあらゆる場面で役立つ言葉がつまっていますから，読者の皆さんの心を打つことでしょう。この言葉が書かれたポスターが販売されていたり，アメリカでは非常に根強い人気のある詩です。

　2 番目の YOUTH（「青春とは」）は，サミュエル・ウルマ

ン（Sammuel Ullman, 1840-1924）によって書かれた文で，マッカーサー元帥の座右の銘としても有名で，日本でも松下幸之助氏など，財界のトップの間でも「青春」と題されて愛唱されていたと言われています。ちなみに，松下幸之助の書による「青春」という額に書いてある言葉は，次のようになっています。(→ 和訳は巻末参照)

青春

青春とは心の若さである
信念と希望にあふれ勇気に
みちて日に新たな活動を
つづけるかぎり青春は永遠に
その人のものである

松下幸之助

Children Learn What They Live

If children live with criticism,
they learn to condemn.
If children live with hostility,
they learn to fight.
If children live with fear,
they learn to be apprehensive.
If children live with pity,
they learn to feel sorry for themselves.
If children live with ridicule,
they learn to feel shy.
If children live with jealousy,
they learn to feel envy.
If children live with shame,
they learn to feel guilty.
If children live with encouragement,
they learn confidence.
If children live with tolerance,

they learn patience.
If children live with praise,
they learn appreciation.
If children live with acceptance,
they learn to love.
If children live with approval,
they learn to like themselves.
If children live with recognition,
they learn it is good to have a goal.
If children live with sharing,
they learn generosity.
If children live with honesty,
they learn truthfulness.
If children live with fairness,
they learn justice.

If children live with kindness and consideration,
they learn respect.
If children live with security,

they learn to have faith in themselves
and in those about them.
If children live with friendliness,
they learn the world is a nice place in which to live.

YOUTH

Youth is not a time of life;
it is a state of mind;
it is not a matter of rosy cheeks, red
lips and supple knees; it is a matter of
the will, a quality of the imagination,
a vigor of the emotions; it is
the freshness of the deep springs of life.

Youth means a temperamental
predominance of courage over timidity
of the appetite, for adventure over
the love of ease. This often exists
in a man of sixty more than a boy of
twenty. Nobody grows old merely by
a number of years. We grow old by
deserting our ideals.

Years may wrinkle the skin, but to give up enthusiasm wrinkles the soul. Worry, fear, self-distrust bows the heart and turns the spirit back to dust.

Whether sixty or sixteen, there is in every human being's heart the lure of wonder, the unfailing child-like appetite of what's next, and the joy of the game of living. In the center of your heart and my heart there is a wireless station; so long as it receives messages of beauty, hope, cheer, courage and power from men and from the infinite, so long are you young.

When the aerials are down, and your spirit is covered with snows of cynicism and the ice of pessimism, then you are grown old, even at twenty, but as long as your aerials are up, to catch the waves of optimism, there is hope you may die young at eighty.

4章
演　説
Speeches

　欧米における演説研究の歴史は2000年以上にもなると言われているほどで，欧米においては演説の価値は非常に高く評価されています。格調高く立派な演説文を朗読する練習は，英語の音声表現力を養う上でも大切なことです。

　演説をする目的は，主に次の5つであると考えられます。

① 聴衆を説得する
② 聴衆に情報を伝える
③ 聴衆を納得させる
④ 聴衆を楽しませる
⑤ 聴衆を感動させる

　CDには，4種類の演説の有名な部分とヘレン・ケラーの演説の全文が収録されています。有名な演説を取り上げた本やCDがたくさん出版されていますので，是非ともさ

まざまな演説文に当たり，英語の音声表現の幅を広げ，心を豊かにしてください。演説者自身の生の声を収録したテープなども市販されていますので，探して聞いてみましょう。

　大統領，政治家などのフォーマルな演説には，難しい単語や表現や引用が出てくることが多いので，言葉の意味や話の内容などがわからない場合は，辞書を引くなどして確認する癖をつけてください。

　音声変化に関しては，前に説明したことを思い出しながら，模範朗読を聴いてください。演説では，効果的な間の取り方，強調の仕方などが工夫されていることが多いので確認してみましょう。（→ 本文にない和訳は巻末参照）

1 ネルソン・マンデラの演説

ネルソン・マンデラ（Nelson Rolihlahla Mandela 1918-）は南アフリカにおいて，非人道的なアパルトヘイトの法律による犠牲者を助ける運動をしてきたことで有名です。ANC（南アフリカ民族会議）の議長を務めていましたが，1962年に逮捕され，1964年には終身刑の判決を受け投獄されました。1989年に国連総会がアパルトヘイト完全撤廃に関する国連決議を採択し，1990年の2月11日，マンデラは釈放されました。1993年にノーベル平和賞を受賞し，1994年5月10日，南アフリカ大統領に就任。1994年10月，国連総会で大統領として初の演説を行い，1995年には，大統領として初の来日も果たしました。

以下にご紹介する演説は，1990年に釈放された直後に，ケープタウンで行われた演説です。27年間に及ぶ長い獄中生活にもかかわらず，強い信念と不屈の精神とを持ち続けたマンデラの演説は，すべての人に勇気と感動を与えるものとして有名です。本書では演説の一部分だけをご紹介していますが，是非とも全文を読まれることをお薦めします。

Friends, comrades and fellow South Africans. I greet you all in the name of peace, democracy and freedom for all. I stand here before you not as a prophet but as a humble servant of you, the people. Your tireless and heroic sacrifices have made it possible for me to be here today. I therefore place the remaining years of my life in your hands.

(中略)

Today the majority of South Africans, black and white, recognise that apartheid has no future. It has to be ended by our own decisive mass action in order to build peace and security. The mass campaign of defiance and other actions of our organization and people can only culminate in the establishment of democracy.

(中略)

Our march to freedom is irreversible. We must not allow fear to stand in our way. Universal suffrage on a common voters' role in a united democratic and non-racial South Africa is the only way to peace and racial harmony.

In conclusion I wish to quote my own words during my trial in 1964. They are true today as they were then:

'I have fought against white domination and I have fought against black domination. I have cherished the ideal of a democratic and free society in which all persons live together in harmony and with equal opportunity. It is an ideal which I hope to live for and to achieve. But if needs be, it is an ideal for which I am prepared to die.'

(Cape Town, Feb. 11, 1990)

2 ケネディ大統領の就任演説

第35代アメリカ大統領のジョン・F・ケネディ（John Fitzgerald Kennedy 1917-1963）はJFKとして親しまれ、史上最年少で大統領になりました。ニュー・フロンティア政策が公民権改正や、アメリカの教育現場における人種差別廃止にもつながりました。強い意志を持って外交政策にも当たり、彼独特の穏健主義も遺憾なく発揮されました。1963年11月22日、ダラスにて遊説中に暗殺されたことは、アメリカのみならず、世界中に衝撃を与えました。大統領就任演説は、人類の平和と幸福を実現しようというJFKの心情がよく表れています。ここで取り上げた演説の中の1フレーズはあまりに有名で、日本人にもなじみ深く、たびたび引用されるものです。是非暗記して、朗読してみましょう。

We observe today not a victory of party but a celebration of freedom—symbolizing an end as well as a beginning—signifying renewal as well as change. For I have sworn before you and Almighty God the same solemn oath our forbears prescribed nearly a century and three-quarters ago.
（中略）
In the long history of the world, only a few

generations have been granted the role of defending freedom in its hour of maximum danger. I do not shrink from this responsibility—I welcome it. I do not believe that any of us would exchange places with any other people or any other generation. The energy, the faith, the devotion which we bring to this endeavor will light our country and all who serve it—and the glow from that fire can truly light the world.

And so, my fellow Americans: ask not what your country can do for you—ask what you can do for your country.

My fellow citizens of the world: ask not what America will do for you, but what together we can do for the freedom of man.

Finally, whether you are citizens of America or citizens of the world, ask of us here the same high standards of strength and sacrifice which we ask of you. With a good conscience our only sure reward, with history the final judge of our deeds, let us go forth to lead the land we love, asking His blessing and His help, but knowing that here on earth God's work must truly be our own.

(Washington, DC, Jan. 20, 1961)

3 マーティン・ルーサー・キング・Jr. の演説

　マーティン・ルーサー・キング・Jr. (Martin Luther King, Jr. 1929-1968) は牧師であり，黒人の公民権運動の指導者として活躍し，今でも黒人にとっては特に英雄的な存在になっています。南部の人種差別法に対して抵抗し，1960年以降は北部の社会状況にも目を向け，彼のキリスト教徒的な使命感で人々に愛，自由，公正さの大切さを訴え続けました。1964年にノーベル平和賞を受賞したキング牧師の優れた演説力は，人々に深い感動を与えます。以下にご紹介する演説文は1963年8月28日の奴隷解放宣言100周年の記念集会で行われた，"I have a dream." のほんの一節です。機会があれば是非とも，キング牧師の演説のビデオをご覧になるかテープを聴いて，全文を読まれることをお薦めします。音声表現法の素晴らしさと演説のコツさえも伝授してくれることでしょう。

　I am happy to join with you today in what will go down in history as the greatest demonstration for freedom in the history of our nation.
　Five score years ago, a great American, in whose symbolic shadow we stand today, signed the Emancipation Proclamation. This momentous decree

came as a great beacon light of hope to millions of Negro slaves, who had been seared in the flames of withering injustice. It came as a joyous daybreak to end the long night of their captivity.

But one hundred years later, the Negro still is not free. One hundred years later, the life of the Negro is still sadly crippled by the manacles of segregation and the chains of discrimination. One hundred years later, the Negro lives on a lonely island of poverty in the midst of a vast ocean of material prosperity. One hundred years later, the Negro is still languished in the corners of American society and finds himself an exile in his own land. And so we've come here today to dramatize a shameful condition.

（中略）

I say to you today, my friends …, so even though we face the difficulties of today and tomorrow, I still have a dream. It is a dream deeply rooted in the American dream.

I have a dream that one day this nation will rise up and live out the true meaning of its creed, "We hold these truths to be self-evident that all

men are created equal."
<small>ク(ウ)リエイ・テイ(ド) イー(ク)・うワウ</small>

I have a dream that one day on the red hills of Georgia the sons of former slaves and the sons of former slave owners will be able to sit down together at the table of brotherhood.

I have a dream that one day even the state of Mississippi, a state sweltering with the heat of injustice, sweltering with the heat of oppression, will be transformed into an oasis of freedom and justice.

I have a dream that my four little children will one day live in a nation where they will not be judged by the color of their skin but by the content of their character. I have a dream today!

I have a dream that one day, down in Alabama, with its vicious racists, with its governor having his lips dripping with the words of interposition and nullification; one day right down in Alabama little black boys and black girls will be able to join hands with little white boys and white girls as sisters and brothers. I have a dream today!

I have a dream that one day every valley shall be exalted, and every hill and mountain shall be made low, the rough places will be made plain, and the crooked places will be made straight, and the glory of the Lord shall be revealed and all flesh shall see it together.

（後略）

4 皇后陛下美智子様の基調講演

　1998年9月20日から24日まで，ニューデリーで，国際児童図書評議会（International Board on Books for Young People: IBBY）の第26回世界大会が行われました。会議の初日の朝，皇后陛下美智子様の基調講演がビデオテープによって上映されました。皇后様のスピーチは，前もって日本語と英語の両方で収録されましたが，インドでは英語版が上映されました。内容が素晴らしいことから，国内でも放映してほしいとの要望が多く，後日ご講演のビデオは，国内でも放映され，大反響を呼びました。

　「子供時代の読書の思い出」（Reminiscences of Childhood Readings）と題するスピーチは，幼少期における読書の大切さについて語られたもので，感動的な内容とともに，皇后様の語られる格調高い英語が話題になりました。皇后様のスピーチを英語と日本語で収録した本が「橋をかける」（すえもりブックス）というタイトルで出版されています。

　以下では，スピーチの最後の部分だけをご紹介してありますが，是非とも全文をお読みになるか，ビデオテープをご覧になることをお薦めします。

　演説文につけた「魔法の仮名」は，皇后陛下美智子様の発音を表したものではなく，アメリカ発音を表したものであることをここにお断りしておきます。

の涙には、それなりの重さがあります。私が、自分の小さな悲しみの中で、本の中に喜びを見出せたことは恩恵でした。本の中で人生の悲しみを知ることは、自分の人生に幾ばくかの厚みを加え、他者への思いを深めますが、本の中で、過去現在の作家の創作の源となった喜びに触れることは、読む者に生きる喜びを与え、失意の時に生きようとする希望を取り戻させ、再び飛翔する翼をととのえさせます。悲しみの多いこの世を子供が生き続けるためには、悲しみに耐える心が養われると共に、喜びを敏感に感じとる心、又、喜びに向かって伸びようとする心が養われることが大切だと思います。

そして最後にもう一つ、本への感謝をこめてつけ加えます。読書は、人生の全てが、決して単純でないことを教えてくれました。私たちは、複雑さに耐えて生きていかなければならないということ。人と人との関係においても。国と国との関係においても。

(「橋をかける」(すえもりブックス、一九九八年) 23〜25ページより)

今振り返って、私にとり、子供時代の読書とは何だったのでしょう。

何よりも、それは私に楽しみを与えてくれました。そして、その後に来る、青年期の読書のための基礎を作ってくれました。

それはある時には私に根っこを与え、ある時には翼をくれました。この根っこと翼は、私が外に、内に、橋をかけ、自分の世界を少しずつ広げて育っていくときに、大きな助けとなってくれました。

読書は私に、悲しみや喜びにつき、思い巡らす機会を与えてくれました。本の中には、さまざまな悲しみが描かれており、私が、自分以外の人がどれほどに深くものを感じ、どれだけ多く傷ついているかを気づかされたのは、本を読むことによってでした。

自分とは比較にならぬ多くの苦しみ、悲しみを経ている子供達の存在を思いますと、私は、自分の恵まれ、保護されていた子供時代に、なお悲しみはあったと言うことを控えるべきかもしれません。しかしどのような生にも悲しみはあり、一人一人の子供

4章　演説 Speeches　　91

Reminiscences of Childhood Readings

Looking back on it now, what did my childhood reading do for me?

Above all, it gave me pleasure and then laid the foundation for my later reading during adolescence.

At times it gave me roots ; at times it gave me wings. These roots and wings were a great help to me as I threw bridges out and in, expanding bit by bit and nurturing my own personal world.

Reading gave me opportunities to ponder over joy and sorrow. It was through reading books, with the many kinds of grief delineated in them, that I could come to know how deeply people other than myself can feel, or that I could perceive the many hurts they bear.

When I think that there are children who go through so many griefs and pains beyond comparison with mine, maybe I should refrain from saying that in my own sheltered childhood, too, there were such things as sorrows. But, in any life whatever, there is pain and sorrow. The tears of every single child have their specific weight. For me, when I was caught up in my own small sorrows, it was a blessing to be able to find joy in books. Learning of life's sorrows adds to some extent more depth to one's own life and deepens one's thought for others. Similarly, coming in touch with joy in books — the joy that was the wellspring of creative works by writers past and present —

imparts the joy of living to the reader, and when at times he is overcome by helplessness, may help restore his hope in life, providing wings for him to take flight once again. In order that children may cope with life in this world of sorrows, as well as preparing them to endure sorrows, I think it is so important to foster in them hearts susceptible to joy, hearts sensitively turned to joy.

I would like to add one more thing, including my gratitude to books. Reading taught me that life is surely not a simple thing. We must recognize and face life's complexity. In person to person relations. In country to country relations, too.

5 ヘレン・ケラーの演説

　病気により，生後19カ月で視力，聴力を失ったアメリカの著述家ヘレン・ケラー (Helen Keller 1880-1968) は，教育熱心な両親と生涯の師となるサリバン女史の導きで，点字による解読法と発声法を学習し，ハーバード大学を卒業した後は，一生涯を盲人や身体障害者の福祉のために捧げました。ヘレン・ケラーの書く文章は美しく簡潔であると定評があります。1925年6月30日のライオンズクラブ国際大会で行った福祉の重要性を訴える以下の演説文は，力強く説得力があり，感動を呼びます。

Dear Lions and Ladies:

I suppose you have heard the legend that represents opportunity as a capricious lady, who knocks at every door but once, and if the door isn't opened quickly, she passes on, never to return. And that is as it should be. Lovely, desirable ladies won't wait. You have to go out and grab'em.

I am your opportunity. I am
knocking at your door. I want to be
adopted. The legend doesn't say what
you are to do when several beautiful
opportunities present themselves at the
same door. I guess you have to choose
the one you love best. I hope you will
adopt me. I am the youngest here, and
what I offer you is full of splendid
opportunities for service.

The American Foundation for the
Blind is only four years old. It grew
out of the imperative needs of the
blind, and was called into existence by
the sightless themselves. It is national
and international in scope and in
importance. It represents the best and
most enlightened thought on our subject

that has been reached so far. Its object is to make the lives of the blind more worthwhile everywhere by increasing their economic value and giving them the joy of normal activity.

Try to imagine how you would feel if you were suddenly stricken blind today. Picture yourself stumbling and groping at noonday as in the night; your work, your independence, gone. In that dark world wouldn't you be glad if a friend took you by the hand and said, "Come with me and I will teach you how to do some of the things you used to do when you could see"? That is just the kind of friend the American Foundation is going to be to all the blind in this country if seeing people will give it the support it must have.

You have heard how through a little word dropped from the fingers of another, a ray of light from another soul touched the darkness of my mind and I found myself, found the world, found God. It is because my teacher learned about me and broke through the dark, silent imprisonment which held me that I am able to work for myself and for others. It is the caring we want more than money. The gift without the sympathy and interest of the giver is empty. If you care, if we can make the people of this great country care, the blind will indeed triumph over blindness.

The opportunity I bring to you, Lions,

is this: To foster and sponsor the work of the American Foundation for the Blind. Will you not help me hasten the day when there shall be no preventable blindness; no little deaf, blind child untaught; no blind man or woman unaided? I appeal to you Lions, you who have your sight, your hearing, you who are strong and brave and kind. Will you not constitute yourselves Knights of the Blind in this crusade against darkness?

I thank you.

5章

詩
Poems

　「朗読の醍醐味は詩の朗読にある」，と言っても過言ではありません。なぜなら，詩の美しさは黙読で味わえるものではなく，音読や朗読でこそ味わえるものだからです。洗練された言葉を使った素晴らしい詩を朗読することは，感性を磨くためにも，また発音，話し方を鍛練するためにも，非常に意味のあることです。

　本書では，是非とも知っておきたい英詩の他に，金子みすゞや宮沢賢治の詩の英訳，また英語の朗読に関する類書ではまだ扱われていない詩などもご紹介してありますので，暗誦できるくらいにくり返し朗読して楽しんでください。

（→ 本文にない和訳は巻末参照）

1 ウィリアム・ワーズワース

(William Wordsworth 1770-1850)

　詩では主語と動詞，形容詞と名詞などの語順がかわったり，metre（格調）という詩の各行における音節の強弱の組み合わせが，詩のリズムを決定したりします。metre にはいくつかの種類がありますが，イギリスの桂冠詩人であるワーズワースによる 'The Daffodils'「水仙」は，一般的な iambus という弱強格のリズムで構成されています。X印は弱，/ は強を示しています。

　また詩では韻（rhyme）を踏むという言葉がよく使われますが，行の末尾の語の発音が一致する脚韻と，強勢のある音節の最初の発音が一致する頭韻があります。'The Daffodils' では，1行目の cl<u>oud</u> と3行目の cr<u>owd</u>，2行目の h<u>ills</u> と4行目の daffod<u>ils</u>，5行目の tr<u>ees</u> と6行目の br<u>eeze</u> が脚韻を踏んでいます。強弱と韻に注意して朗読してみましょう。

The Daffodils

TR75

```
 X    /  X   /   X   /  X    /
I wandered lonely as a cloud
 X    /  X   /  X   /   X   /
That floats on high o'er vales and hills,
```

x　　/　　x　　/　　x　　**ソー**　　ク(ウ)**ラウ**(ド)
　　　　　　　　　　　　　　　　　　　/
When all at once I saw a crowd,
　　　　ホウス(ト)　　　　　　　　デ**ア**・ふア・デ**イ**ウズ
　x　　/　　x　　/　　x　　/　　x　/
A host, of golden daffodils;
　x　　/　　x　　/　　　ビ・**ニー**と　　x　　/
　　　　　　　　　　　　　x /
Beside the lake, beneath the trees,
ふ**ラ**・トウ～・(ウ)**リン**(グ)　　デ**アン**・ス**イン**(グ)　　　　ブ(ウ)**リー**ズ
　/　　　x　x　　x　　　/　　x　　/　　x　　　/
Fluttering and dancing in the breeze.

5章　詩 Poems　　103

2 ロバート・フロスト

(Robert Lee Frost 1874-1963)

人生の岐路に立ったとき，いかに一方を選択するかということを比喩的に述べたこの詩は，教科書などにもよく載せられる有名なものです。ロバート・フロストはアメリカの国民的な詩人で，四度もピュリッツァー賞を受け，晩年にはアメリカの桂冠詩人と見なされ，ケネディ大統領の就任式でも自作の詩を朗読しました。

The Road Not Taken

Two roads diverged in a yellow wood,
And sorry I could not travel both
And be one traveler, long I stood
And looked down one as far as I could
To where it bent in the undergrowth;

Then took the other, as just as fair,
And having perhaps the better claim,
Because it was grassy and wanted wear;

Though as for that the passing there
Had worn them really about the same,

And both that morning equally lay
In leaves no step had trodden black.
Oh, I kept the first for another day!
Yet knowing how way leads on to way,
I doubted if I should ever come back.

I shall be telling this with a sigh
Somewhere ages and ages hence:
Two roads diverged in a wood, and I—
I took the one less traveled by,
And that has made all the difference.

3 金子みすゞ （1903-1930）
D. P. ダッチャー
（D. P. Dutcher 1944-）

本名金子テル。優れた作品を発表し，西條八十に「若き童謡詩人の巨星」とまで称賛されながら26歳の若さで世を去りました。没後作品は散逸したために，幻の童謡詩人と語り継がれましたが，童謡詩人・矢崎節夫の長年の努力により遺稿集が見つかりました。出版後，優しさにあふれた作品は感動を呼び，多くのファンを獲得し続けています。この英訳は，D. P. ダッチャーの翻訳本 'Something Nice' （JULA 出版局）から採用しました。

私と小鳥と鈴と

私が両手をひろげても、
お空はちっとも飛べないが、
飛べる小鳥は私のように、
地面(じべた)を速くは走れない。

私がからだをゆすっても、
きれいな音は出ないけど、
あの鳴る鈴は私のように
たくさんな唄は知らないよ。

鈴と、小鳥と、それから私、
みんなちがって、みんないい。

金子みすゞ

Me, a Songbird, and a Bell

'Something Nice' 表紙

Spread my arms though I may

I'll never fly up in the sky.

Songbirds fly but they can't run

Fast on the ground like I do.

Shake myself though I may

No pretty sound comes out.

Bells jingle but they don't know

Lots of songs like I do.

Bell, songbird, and me

All different, all just right.

4 宮沢賢治

（1896-1933）

「雨ニモマケズ」の詩の他に童話「銀河鉄道の夜」「注文の多い料理店」などで知られる宮沢賢治は，詩人，童話作家，音楽家，哲学者，宗教家，農民とさまざまな顔を持っていました。盛岡高等農林学校（現在の岩手大学農学部）で地質学，土壌学などを学んだ後，郷里の花巻に戻って教師となり，やがて辞職して「羅須地人協会」を設立，農民への指導に奔走しましたが37歳で永眠。「世界全体が幸福にならないうちは個人の幸福はあり得ない」というのが賢治の理想で，生涯をこの精神で貫き実践しようとしました。死後70年以上たった今も，賢治の作品は年代や国籍を超えて広く読み継がれています。

「雨ニモマケズ」を暗誦している人も多いでしょうが，今回は英語で朗読することで賢治の世界を楽しんでみましょう。

雨ニモマケズ

雨ニモマケズ
風ニモマケズ
雪ニモ夏ノ暑サニモマケヌ
丈夫ナカラダヲモチ
慾ハナク
決シテ瞋(いか)ラズ
イツモシヅカニワラッテヰル
一日ニ玄米四合ト
味噌ト少シノ野菜ヲタベ
アラユルコトヲ
ジブンヲカンジョウニ入レズニ
ヨクミキキシワカリ
ソシテワスレズ
野原ノ松ノ林ノ蔭ノ
小サナ萱ブキノ小屋ニヰテ
東ニ病気ノコドモアレバ
行ッテ看病シテヤリ
西ニツカレタ母アレバ
行ッテソノ稲ノ束ヲ負ヒ
南ニ死ニサウナ人アレバ
行ッテコハガラナクテモイヽトイヒ
北ニケンクヮヤソショウガアレバ
ツマラナイカラヤメロトイヒ
ヒドリノトキハナミダヲナガシ
サムサノナツハオロオロアルキ
ミンナニデクノボートヨバレ
ホメラレモセズ
クニモサレズ
サウイフモノニ
ワタシハナリタイ

🟠 Undefeated By The Rain

Undefeated by the rain

Undefeated by the wind

Undefeated by the snow, or by the summer's heat

With healthy body
Devoid of greed
Never getting angry

But always smiling quietly

Eating each day four *go* of rice
Miso and some vegetables

One who in every thing
Gives no thought to himself
Who sees and hears and understands

And then does not forget
Living in a small thatched hut
In the shade of a grove of pines on the plain

Who if in the east a child is sick

Goes to be a nurse
If in the west a mother is weary
Goes carrying a load of grain
If in the south there's one who's close to death
Goes and says there is no need to fear
If in the north there are quarrels or fights
Goes to say forget such trifling things

One whose cheeks are wet in time of drought
Who walks bewildered when the summer's cold
Who's called a fool by everyone
Never praised
Nowhere claimed

That's the kind
I want to be

5 クリスティーナ・ロゼッティ

(Christina Georgina Rossetti 1830-1894)

イギリスの詩人で，ゲイブリエル・ロゼッティの娘で敬虔なイギリス国教徒で宗教詩も多く書きました。この「風」という詩は日本人にもなじみのある，人気のある詩です。

The Wind

Who has seen the wind?
　Neither I nor you:
But when the leaves hang trembling
　The wind is passing thro'.

Who has seen the wind?
　Neither you nor I:
But when the trees bow down their heads
　The wind is passing by.

風

西條八十訳詞・草川信作曲

誰(だれ)が風を　見たでしょう
僕(ぼく)もあなたも　見やしない
けれど木の葉を　顫(ふる)わせて
風は通りぬけてゆく

誰が風を　見たでしょう
あなたも僕も　見やしない
けれど樹立(こだち)が　頭をさげて
風は通りすぎてゆく

6 エミリー・ディキンソン

(Emily Dickinson 1830-1886)

ウォルト・ホイットマン (Walt Whitman) と並んでアメリカを代表する詩人であると言われるエミリー・ディキンソンは，生前には作品が10編だけ印刷されただけで，それも匿名で発表するなど，詩人として評価されないまま世を去りました。人生の半ばからは家から出ることもなかったと言われている彼女は，死後に，無のような存在から，素晴らしい評価を受けるまでになりました。ここに紹介する詩はごく短いものですが，さまざまな感情で朗読してみるのには格好の題材です。

A Word Is Dead

A word is dead
When it is said,
Some say.

I say it just
Begins to live
That day.

7 ウォルト・ホイットマン

(Walt Whitman 1819-1892)

アメリカを代表するウォルト・ホイットマンは，脚韻や韻律といった詩の形式を無視し，既成の道徳にとらわれないで，あるがままの人間の姿を讃美し表現しました。そのために同時代の文学者で彼を認めたのはエマソンやソローなど，ごく少数であったと言われています。ここでご紹介する Song of the Open Road という詩は，彼の代表作である『草の葉』(*Leaves of Grass*)の中の詩ですが，1970年に Erich Segal によって書かれたベストセラー小説 'Love Story' の結婚式の場面に使われた詩でもあります。映画 'Love Story' は日本語版では「ある愛の詩(うた)」として爆発的にヒットし，この詩は映画の中でオリバーがジェニーに捧げる詩として日本の若者の間でも人気を博し，暗誦した人も多かったようです。

I give you my hand!
I give you my love, more precious than money,

I give you myself, before preaching or law;

Will you give me yourself? Will you come travel with me?
Shall we stick by each other as long as we live?

8 セアラ・コールリッジ

（Sara Coleridge　1802-1852）

セアラ・コールリッジはイギリスの詩人で、父親はロマン主義文学運動の中心人物、サミュエル・テイラー・コールリッジ（Samuel Taylor Coleridge, 1772-1834）。「12ヶ月」は四季の移り変わりを描いた、美しくわかりやすい詩であり、かつ英詩の形としても規則性とリズムがあります。snow と glow, rain と again, shrill と daffodil というように、規則的に脚韻を踏んでいるので、朗読してみると、心地よい響きがあるのがわかります。

The Months

January brings the snow,
Makes our feet and fingers glow.

February brings the rain,
Thaws the frozen lake again.

March brings breezes loud and shrill,
Stirs the dancing daffodil.

April brings the primrose sweet,
Scatters daisies at our feet.

May brings flocks of pretty lambs,
Skipping by their fleecy dams.

June brings tulips, lilies, roses,
Fills the children's hands with posies.

Hot July brings cooling showers,
Apricots and gillyflowers.

August brings the sheaves of corn,
Then the harvest home is borne.

<ruby>Warm<rt>ｳオア～ム</rt></ruby> <ruby>September<rt>セ(プ)・テンブ～</rt></ruby> brings the fruit,
<ruby>Sportsmen<rt>スポア～ッ・マン</rt></ruby> then begin to shoot.

Fresh <ruby>October<rt>ア-(ク)・トウブ～</rt></ruby> brings the <ruby>pheasant<rt>ふエズン(ト)</rt></ruby>,
Then to <ruby>gather<rt>ゲア・とウ～</rt></ruby> nuts is <ruby>pleasant<rt>プレザン(ト)</rt></ruby>.

<ruby>Dull<rt>ダゥ</rt></ruby> <ruby>November<rt>ノゥ・ブエン・ブ～</rt></ruby> brings the <ruby>blast<rt>ブレアス(ト)</rt></ruby>,
Then the leaves are <ruby>whirling<rt>ｳウ～ー・リン(グ)</rt></ruby> fast.

<ruby>Chill<rt>チゥ</rt></ruby> <ruby>December<rt>デイ・センブ～</rt></ruby> brings the <ruby>sleet<rt>スリー(ト)</rt></ruby>,
<ruby>Blazing<rt>ブレイ・ズイン(グ)</rt></ruby> fire, and Christmas treat.

5章 詩 Poems

9 ロバート・ルイス・スティーブンソン

(Robert Louis Stevenson 1850-1894)

「風の吹く夜」は英国人であるロバート・ルイス・スティーブンソンによって書かれた 'Child's Garden of Verses'『童心詩集』の中に収められています。スティーブンソンと言えば,『宝島』や『ジキル博士とハイド氏』などの作品の著者としても,日本人にはなじみのある作家です。

この「風の吹く夜」は黙読しただけでも,リズムの良い詩であることがわかりますが,大きな声で朗読してみると,そのダイナミックなリズム感を,より感じることができるでしょう。

Windy Nights

Whenever the moon and stars are set,
　　Whenever the wind is high,
All night long in the dark and wet,
　　A man goes riding by.
Late in the night when the fires are out,

Why does he gallop and gallop about?

Whenever the trees are crying aloud,
    And ships are tossed at sea,
By, on the highway, low and loud,
    By at the gallop goes he.
By at the gallop he goes, and then
By he comes back at the gallop again.

10 マティ・ステパネク

(Mattie J. T. Stepanek 1990-2004)

全米200万部突破のベストセラーシリーズ『ハートソング』詩集によって，一人の少年の，争いも憎しみもない平和な世界実現への願いと，生きることの素晴らしさを伝える気持ちが，世界に広がり，感動を与えています。

著者のマティ・ステパネクは生まれながらに筋ジストロフィーを発症。一つ年上の兄を3歳のときに同じ病気で亡くしたことをきっかけに詩を書き始め，1999年にその詩作によって「メリンダ・ローレンス国際図書賞」を受賞。2002年には，筋ジストロフィー協会（MDA）の親善大使に任命されました。病には勝てず，2004年6月に13歳でこの世を去りました。

詩のセクションの最後を飾るべく彼の詩を紹介しますので，声に出して味わってください。

Heartsong

I have a song, deep in my heart,
And only I can hear it.
If I close my eyes and sit very still

It is so easy to listen to my song.
When my eyes are open and
I am so busy and moving and busy,
If I take time and listen very hard,
I can still hear my Heartsong.
It makes me feel happy.
Happier than ever.
Happier than everywhere
And everything and everyone
In the whole wide world
Happy like thinking about Going to
Heaven when I die.
My Heartsong sounds like this:

I love you! I love you!
How happy you can be!
How happy you can make
The whole world be!

And sometimes it's other
Tunes and words, too,
But it always sings the
Same special feeling to me.
It makes me think of
Jamie, and Katie and Stevie,
And other wonderful things.
This is my special song.
But do you know what?
All people have a special song
Inside their hearts!
Everyone in the whole wide world
Has a special Heartsong.
If you believe in magical, musical
hearts,
And if you believe you can be happy,
Then you, too, will hear your song.

Making Real Sense of the Senses

Our eyes are for looking at things,
But they are also for crying
When we are very happy or very sad.
Our ears are for listening,
But so are our hearts.
Our noses are for smelling food,
But also the wind and the grass and
If we try very hard, butterflies.
Our hands are for feeling,
But also for hugging and touching so gently.
Our mouths and tongues are for tasting,
But also for saying words, like
"I love you," and
"Thank you, God, for all of these things."

6章

散文
Prose

　朗読の素材としての散文は，小説，物語，エッセイ，日記，新聞や雑誌の記事なども含まれます。散文を朗読する場合も，他のジャンルの題材と同じように作品を読み込み，難しい語句や表現などを詳しく調べたり，作品の時代背景，作者が伝えたいこと，作品の構成，語りの部分と会話の部分の読み分けなど，十分時間を取って作品を研究する必要があります。その上で，語句の発音やアクセントを確認したり，朗読速度を決めたり，感情表現の仕方に工夫をします。

　ここではショート・ストーリーを扱いました。くり返しの表現が多いストーリーでリズミカルに読みやすく，感情移入もしやすいので，朗読の練習題材としては優れたものです。模範朗読を何回も聞き，真似て朗読し，その後，皆さん独自の個性のある朗読に挑戦してみましょう。

（→ 和訳は巻末参照）

The Tailor

In a village once lived a poor tailor. He had made overcoats for many people, but he had never made one for himself, though an overcoat was the one thing he wanted. He never had enough money to buy material and set it aside for himself, without making something to sell. But he saved and saved, bit by bit, and at last he had saved enough.

He bought the cloth and cut it carefully, so as not to waste any. He sewed up the coat, and it fit him perfectly. He was proud of that coat. He wore it even when it was the least bit cold. He wore it until it was all worn out.

At least he thought it was worn out, but then he looked closely and he could see that there was just enough good material left to make a jacket. So he cut up the coat and made a jacket. It fit just as well as the coat, and he could wear it even more often. He wore it until it was all worn out.

At least it seemed to be all worn out, but he looked again, and he could see that there was still enough good material to make a vest. So he cut up the jacket and sewed up a vest. He tried it on, and he looked most distinguished. He wore that vest every single day. He wore it until it was all worn out.

At least he thought it was all worn out, but when he looked it over carefully, he saw some places here and there that were not worn. So he cut them out, sewed them together, and made a cap. He tried it on, and it looked just right. He wore it outdoors and in, until it was all worn out.

At least it seemed to be all worn out, but when he looked, he could see that there was just enough left to make a button. So he cut up the cap and made a button. It was a good button. He wore it every day, until it was all worn out.

At least he thought it was all worn out, but when he looked closely, he could see that there was just enough left of that button to make a story, so he made a story out of it and I just told it to you.

6章 散文 Prose

7章
朗読劇・群読
Readers Theatre·Group Reading

著者が留学中に参加した朗読劇

複数の朗読者によって行う朗読は朗読劇，群読などと呼ばれ，英語ではReaders Theatre, Group Reading, Interpreters Theatre, Platform Theatre, Concert Theatre, Chamber Theatre, Story Theatre, Multiple Reading, Staged Reading, Play Readingという用語がこれに当たります。私自身，アメリカの大学院のスピーチ・コミュニケーション学科で学んでいたときには，メッシンヂャー先生の指導のもとでReaders　Theatreを専攻し，Readers Theatre用の台本作り，舞台上での公演などを何度となく経験しましたが，その後今日に至るまでReaders　Theatreの魅力に取りつかれ，長年日本の大学での授業にもReaders　Theatreを取り入れています。学生も積極的にReaders Theatreに取り組み，学生主体の活動を楽しみ，音声表現力を伸ばしています。

　日本では日本語での群読の楽しさを広めようと「日本群読教育の会」*が活発な活動をしていますが，英語でのReaders　Theatreについてはまだよく知られていないので，以下に簡単にまとめてみました。

*「日本群読教育の会」http://www.try-net.or.jp/~seico/gundokutop.htm

Readers Theatre の定義

　Readers Theatre の定義をする際，演劇教育を受けた人による演劇的要素の濃いアプローチと，スピーチ教育を受けた人による，演劇的要素の薄いアプローチの仕方がありますが，Readers Theatre とは，複数の朗読者によって行う朗読，つまり群読のことです。

　Readers Theatre の素材として扱われる作品は，純粋な文学作品から，手紙や時事問題に至るまで，散文，韻文，劇というようなジャンルを超えて選択することができます。Readers Theatre は，演劇とは異なり，朗読者は作品を暗記する必要はなく，台本を手にしたまま朗読してもよいことになっています。簡単な衣裳を身につけたり，小道具や照明を使用することも許されています。Readers Theatre と演劇との本質的な違いは，演劇では，アクションが舞台の上で実際になされ，それが観客の目に見えるものとして示されますが，Readers Theatre においては，聴衆は自分の想像力を駆使しながら，朗読されている作品の情景を自分の頭の中に描き出すという，創造的な作業をしています。Readers Theatre では，聴衆の注意は，あくまでも朗読されている作品そのものに向けさせるべきで，朗読者に注意を向けさせてはならないのです。

📖 Readers Theatre 公演までの過程

　Readers Theatre 公演までには，次の四つのステップを踏む必要があります。
①　Readers Theatre 用の作品を選択する
②　作品をもとに，Readers Theatre 用の台本を作る
　朗読作品が決定しても，それが即 Readers　Theatre 用の台本として使えるとは限りません。決められた公演時間，口頭発表時間内に終わるように，時には，適当なつなぎの言葉を入れたり，カッティングの作業をしたり，長編作品のクライマックスの部分のみを扱うなど，朗読作品を即 Readers Theatre 用の台本として使えるように工夫する必要があります。
③　リハーサル
　台本ができ配役が決まっても，いきなり台本の通し読みに入らず，発声練習や個々の発音の練習をすることも大切です。一人で朗読するのとは異なり，Readers Theatre では，朗読者間の息が合うことが大切ですから，リハーサルの回数が多いほど，完成度が高くなることは言うまでもありません。
④　公演，口頭発表

3 Readers Theatre の教育的効果

1) Readers Theatre はグループ活動なので,朗読者は必要以上の緊張感を持つことなく,大勢の観客の前でも朗読を楽しむことができます。
2) 公演までに同じ文章をくり返し練習するため,文法力や作文力がつくと同時に,滑らかで自然な音声表現力が身につきます。
3) 緊張感なく皆で声を出すことによって,精神的にも開放感や爽快さを得ることができるようになります。
4) グループでくり返し練習することによって,朗読者間の人間と人間の触れ合いがあり,協調性,親しさ,柔軟性が増します。
5) 一つの作品をくり返し読み,正しく美しく音声化していく訓練を通して,朗読者は言葉自体に敏感になることが期待できます。
6) 朗読者が自分に自信を持ち,他の朗読者との良い思い出を作ることが期待できます。

4 Readers Theatre の実際

　以下では Readers　Theatre 用に配役を割り振った台本をご紹介します。CD に吹き込まれている三人用台本は，Reader 1 の男性の声はギャヴィンさん，Reader 2 はパメラさん，そして Reader　3 はメッシンヂャー先生による朗読です。147 ページの五人用台本は，私の授業の受講生が教室で実際に行った割り振りですが，CD には吹き込まれていません。台本の割り振り方は無数あります。*Hailstones and Halibut Bones* の詩は毎年授業で使っていますが学生にも評判が良く，Readers Theatre を体験する題材としてふさわしく，朗読者も聴衆も存分に楽しめる題材です。読者の皆さんもこの詩を他の朗読者の方と共に Readers Theatre で是非楽しんでみてください。(→ 和訳は巻末参照)

三人用台本 （CD吹き込みあり）

※改行のしかたは原文と異なります。

Reader 3 : From *Hailstones and Halibut Bones*   by Mary O'Neill

Reader 1 : The colors live *(カルーーズ)*

Reader 2 : Between black *(ブレア(ク))*

Reader 3 : And white

Reader 1 : In a land that we know best by sight. *(レアンド)*

Reader 2 : But knowing best

Reader 3 : Isn't everything.

Reader 2 : For colors dance. *(デアンス)*

Reader 3 : And colors sing.

Reader 2 : And colors laugh. *(レアふ)*

Reader 3 : And colors cry.

Reader 1 : Turn off the light, and colors die.

Reader 2 : And they make you feel Every feeling there is

Reader 3	: From the grumpiest grump 　　　グ(ウ)**ラ**ン・ピェス(ト)　グ(ウ)**ラ**ン(プ) 　　To the fizziest fizz. 　　　　　　　ふ**イ**ズ
Reader 2	: And you
Reader 3	: And you
Reader 1	: And I know well
Reader 2	: Each has a taste, 　　　　　　　**テ**イス(ト)
Reader 3	: And each has a smell.
All	: And each has a wonderful 　　Story to tell....

TR88

Reader 3	: **What is white?**
Reader 2	: What is white?
Reader 3	: White is a dove 　　　　　　　**ダ**ぶ
Reader 1	: And lily of the valley 　　　　　　　　　ぶ**エア**・リ−
Reader 2	: And a puddle of milk spilled 　　　　　　**パ**ドゥ　　　　　　ス**ピ**ゥ(ド) 　　in an alley — 　　　　　**エア**リ−
Reader 3	: A ship's sail 　　　　　　　**セ**イゥ
Reader 1	: And kite's tail 　　　　　　　　**テ**イゥ
Reader 2	: A wedding veil 　　　　　　　　ぶ**エ**イゥ

All	: Hailstones and halibut bones
Reader 3	: And some people's telephones.
Reader 2	: The hottest and most blinding light is white.
Reader 1	: And breath is white when you blow it out on a frosty night.
Reader 3	: White is the shining absence of all color.
Reader 2	: Then absence is white
Reader 1	: Out of touch
Reader 3	: Out of sight.
Reader 2	: White is a marshmallow
Reader 1	: And vanilla ice cream
Reader 3	: And the part you can't remember in a dream.
Reader 2	: White is the sound of a light foot walking.
Readers 1, 3	: White is a pair of whispers talking.

Reader 2 : White is the beautiful broken lace of snowflakes falling on your face.

Reader 1 : You can smell white in a country room toward the end of May in the cherry bloom.

Reader 3 : **What is black?**
Reader 1 : What is black?
: Black
Reader 2 : Is the night when there isn't a star
Reader 3 : And you can't tell by looking Where you are.
Reader 1 : Black
Reader 2 : Is a pail of paving tar.
Reader 1 : Black
Reader 3 : Is jet,
Reader 2 : And things you'd like to forget.

Reader 1 : Black

Reader 2 : Is a smokestack.

Reader 1 : Black

Reader 3 : Is a cat,

Reader 2 : A leopard,

Reader 3 : A raven,

Reader 2 : A high silk hat.

Reader 3 : The sound of

Reader 1 : Black is

All : "Boom! Boom! Boom,"

Reader 2 : Echoing in an empty room.

Reader 1 : Black

Reader 3 : Is kind.

Reader 2 : It covers up the run-down street, the broken cup.

Reader 1 : Black

Reader 3 : Is charcoal and patio grill,

Reader 2 : The soot spots on the window sill.

Reader 1	: Black
Reader 3	: Is a feeling, hard to explain, like suffering but without the pain.
Reader 1	: Black
Reader 2	: Is licorice
Reader 3	: And patent leather shoes.
Reader 1	: Black
Reader 2	: Is the print in the news.
Reader 1	: Black
Reader 3	: Is beauty in its deepest form, the darkest cloud in a thunderstorm.
Reader 2	: Think of what starlight and lamplight would lack
Reader 3	: Diamonds and fireflies
Readers 2, 3	: If they couldn't lean against
Reader 1	: Black.

Reader 3	:	**What is purple?**
Reader 1	:	Time is purple Just before night
Reader 2	:	When most people Turn on the light —
Reader 3	:	But if you don't it's A beautiful sight.
Reader 2	:	Asters are purple,
Reader 1	:	There's purple ink.
Reader 3	:	Purple's more popular Than you think....
Reader 2	:	It's sort of a great Grandmother to pink.
Reader 1	:	There are purple shadows
Reader 3	:	And purple veils,
Reader 2	:	Some ladies purple Their fingernails.
Reader 3	:	There's purple jam
Reader 1	:	And purple jell

Reader 2 : And a purple bruise

　　　　　Next day will tell

　　　　　Where you landed

　　　　　When you fell.

Reader 1 : The purple feeling

　　　　　Is rather put-out

Reader 3 : The purple look is a
Definite pout.

Reader 2 : But the purple sound

　　　　　Is the loveliest thing

Reader 3 : It's a violet opening

　　　　　In the spring.

五人用台本 (CD 吹き込みなし)

※改行のしかたは原文と異なります。

Reader 3	: The colors live Between
Readers 1, 2	: Black
Readers 4, 5	: And white
Reader 3	: In a land that we Know
All	: Best by sight.
Reader 1	: But knowing best
All	: Isn't everything.
Reader 5	: For colors dance.
Reader 1	: And colors sing.
Reader 4	: And colors laugh.
Reader 2	: And colors cry.
Reader 3	: Turn off the light And colors
All	: Die.
Reader 1	: And they make you feel

Reader 2	: Every feeling there is
Reader 3	: From the grumpiest grump
Reader 4	: To the fizziest fizz.
Reader 5	: And you
Reader 3	: And you
All	: And I
	Know well
Reader 1	: Each has a taste,
Reader 5	: And each has a smell.
Reader 3	: And each has a wonderful
All	: Story to tell. . . .

◆ 付録 和訳（池田 紅玉訳）

1章　基礎練習

(3) リズム感を身につけるための練習 （→本書 P.53）

1. Pat-a-cake, pat-a-cake
   ぺたぺたこねてねパン屋さん
   パンを焼いてよ　大急ぎで
   丸めて，つついて，Bの字押してね
   それからオーブンに入れてよね

2. For want of a nail
   釘がなくて蹄鉄打てず
   蹄鉄なくて馬は走れず
   馬がなくて騎士は乗れず
   騎士がいなくて戦に勝てず
   戦に負けて国は滅んだ
   何もかもが釘がなかったせいなのさ

3. Ice cream, a penny a lump
   僕は叫び
   君も叫ぶ
   僕らは皆で叫ぶのさ
   そうさアイスクリームが欲しいから

4. Jack and Jill
   ジャックとジルが丘に上っていったのさ
   バケツに水をくむために
   ジャックは転んで頭を割って
   ジルも後から転がり落ちた

5. Georgie Porgie
   ジョージー・ポージー
   プリンにパイ
   かわいい子にキスして泣かせ
   男の子たちが出てきたら
   ジョージー・ポージー　すたこら逃げた

6. Row, row, row your boat
   漕いで，漕いで，ボートを漕ぎなさい
   優しく，静かに小川を下り
   楽しく，明るく，陽気に漕いで
   人生は単なる夢のよう

7. Five little monkeys jumping on the bed
   5匹のサルがベッドの上でぴょんぴょん飛びはねていた
   1匹が転がり落ちて，頭を打った
   ママが医者に電話すると，医者は言ったとさ。
   「サルたちよ，もうベッドの上で飛びはねるなよ。」

(4) ウオーミングアップのための早口言葉 (→本書 P.56)

Tongue　Twisters
1. 騒音が牡蠣(カキ)を悩ませる。
2. 6個のわがままな貝。
3. 生麦，生米，生たまご。
4. 彼が滑って転ぶなら，彼女もそうしなくてはならないの？
5. 黒い虫の血，黒い虫の血。
6. 「メリーポピンズ」に出てくる早口言葉
7. 彼女は海辺で貝を売る。
8. 6匹のつるつる滑る蛇。
9. 3本の木の小枝に，麻ひもを結べ。

10. 33本の細長い温度計。
11. 6番目の首長の6番目の羊が病気だ。
12. スージー姉さんが，辛いスープをすすった。
13. 大きなフーセンガムで，もっと大きなフーセンができる。
14. ずっしりとした紫色のペルシャすもも。
15. 私はビスケット1箱と，ミックスビスケット1箱を買った。
16. あなたのシャツ店には，水玉模様のソックスの在庫がありますか。
17. スカンクが切株に座ると，切株はスカンクが臭いと思い，
    スカンクは切株が臭いと思うのだ。
18. ピーター・パイパーが ペパーの漬物を 1ペックつまみ取った。
    ペパーの漬物を 1ペック，ピーター・パイパー がつまみ取った。
    でもピーター・パイパー がペパーの漬物を 1ペックつまみ取ったなら
    ピーター・パイパーがつまみ取った1ペックのペパーの漬物は，どこにある？
19. もしウッドチャックが木をかじることができるなら
    ウッドチャックは木をどのくらいかじるの？
    ウッドチャックが木をかじることができるなら
    ウッドチャックは，かじることのできる木を，かじるだろう。
20. ベティー・ボター がバターを買った，
    でも彼女が言うのには，そのバターは苦いとさ。
    もしもねり粉に練り込んだなら，私のねり粉も苦くなる，
    しかし美味しいバターを少し入れりゃ，
    ねり粉も美味しくなるだろう。
    だからベティーは苦いバターよりも美味しいバターを少し買い
    それをねり粉に入れてみた。
    するとねり粉は苦くなくなった。
    美味しいバターを買ったのは，より良いことだったんだ。
    美味しいボターよ；いやいや間違ってしまったよ。

3章 名文

Children Learn What They Live（→本書 P.73）
批判を受けながら育った子は　非難することをおぼえます
敵意に満ちた環境で育った子は　人と争うことをおぼえます
恐怖の中で育った子は　びくびくする子になります
哀れみの中で育った子は　自分を哀れで惨めであると思うようになります
ひやかされながら育った子は　はにかむことをおぼえます
嫉妬の中で育った子は　他人を妬むことをおぼえます
侮辱を受けて育った子は　罪悪感を持つようになります
励まされながら育った子は　自分に自信を持つようになります
寛大な心を持つ人の中で育った子は　忍耐強くなります
褒められながら育った子は　感謝する気持ちを持つようになります
他人に受け入れられて育った子は　人を愛するようになります
認めてもらえる環境で育った子は　自分を好きになることができます
評価される環境で育った子は　目的を持つことの大切さを知るようになります
分かち合う環境で育った子は　寛大さと思いやりを持つようになります
正直さの中で育った子は　誠実になります
公平な環境の中で育った子は　正義心を持つようになります
親切で思いやりのある環境で育った子は　他人に尊敬の念を持つようになります
安心できる環境で育った子は　自分も他人も信じることができるようになります
仲良く，和気あいあいとした環境の中で育った子は　この世は，生きてゆくのに良い所であると思うようになります

YOUTH（→本書 P.76）

青春とは，人生の一時期を示す言葉ではない。それは心のありようを言うのだ。バラ色の頬，赤い唇，柔軟に曲がる膝。そんなことはどうでもいいことである。問われなければならないのは，意志の力，想像力の質，ほとばしるような情熱。青春とは，生命の深い泉にある新鮮さのことである。

青春とは小心さを退ける勇気，易きにつく気持ちを振り払うような冒険心を意味するのだ。
時には，20歳の若者の中でなく，60歳の人の中に青春は存在する。
人は，年を重ねただけで老いるのではない。
理想を失うときに老いるのだ。
歳月がたつと皮膚のしわは増すが，情熱を失うと，心にしわができるのだ。
心配・恐怖・自己不信によって，気力は萎え，精神も力を失い消え去る。

60歳であろうと16歳であろうと，人の心のうちには，驚異に引かれる心と，子どものような未知への好奇心，生きることへの興味の喜びがある。
あなたの心にも私の心にも，目に見えない駅がある。
人間や神から美しさ，希望，励まし，勇気，力を与えられると感じる限り，あなたは若いのだ。

夢がなくなり，気持ちが皮肉という雪におおわれ，悲観という氷におおわれるとき，20歳であろうと人は老いてしまうのだ。
しかし希望と楽観の波をとらえる限り，80歳であろうと，人は若いまま死することができる望みはあるのだ。

4章 演説

1 ネルソン・マンデラの演説 (→本書 P.82)

私は白人支配や黒人支配に対し戦い続けてきました。誰もが平等の機会を与えられ，協調しながらともに生きていけるような，民主的かつ自由な社会という理想を私は抱き続けてきました。私が自分の一生をかけて成し遂げたいと願っている理想はこのことなのです。しかし必要であるなら，私はその理想のために死ぬ覚悟もしています。

2 ケネディ大統領の就任演説 (→本書 P.85)

アメリカ国民の皆さん，アメリカが皆さんのために，何をしてくれるかを問うのではなく，皆さんが，アメリカのために，何をなし得るかを問うてください。
世界の市民の皆さん，アメリカが，皆さんのために何ができるかを問うのではなく，人類の自由のために，我々が協力し合って，何をなし得るかを問うてください。

3 マーティン・ルーサー・キング・Jr.の演説 (→本書 P.87)

友人の皆さん，私は今日皆さんに申し上げます。私たちは，現在と未来両方の困難に直面しています。しかしなおも，私には夢があります。それは，「アメリカの夢」に深く根ざした夢なのです。いつの日かこの国が立ち上がり，「私たちは，すべての人間は平等であるという真理を自明の理と考える」，つまり真理信条の本当の趣旨を実践することを，私は夢見ているのです。

5 ヘレン・ケラーの演説（→本書 P.95）

ライオンズクラブの皆さん

「よい機会に巡り会えるのは，気まぐれな女性との出会いと同じである」という伝説を聞いたことがあるのではないでしょうか。すべてのドアをたった1回だけノックし，もしドアがそのときに開けられない場合，彼女は通り過ぎてしまい二度とふたたび戻ってはこないという，そんな気まぐれな女性なのです。

とても素敵な女性は決して待ってはくれません。ですからあなたは外に出て，彼女をつかまえなければいけないのです。

私こそが，あなたがたにとっての機会なのです。私はあなたがたのドアをノックしています。私はあなたがたに受け入れてもらいたいのです。いくつかの素晴らしい機会があなたがたのドアをノックするとき，機会自身は「あなたがたは何をするべきか」ということは教えてくれません。あなたがたが，一番魅力的に感じるものを選ばなければならないと思います。あなたがたに，私を受け入れてもらいたいのです。ここで私は一番若く，あなたがたに提供するものは，素晴らしい奉仕の機会に満ちているのです。

アメリカ盲人協会は，まだたったの4歳です。この協会は，盲人たちの切羽つまった要求からできたものです。そして盲人たち自身によって作られたものなのです。そして協会は視点を国内，国外両方に置いています。今までに我々が到達した課題に関して，最良で最も賢明な考えを提供しています。この協会の目的は盲人の生活を，経済力を増すことと，普通に行動する喜びを与えることによって，より価値のあるものにすることです。

あなた自身が今日突然盲目になったとしたら，何を感じるかを想像してみてください。あなたが真昼に夜中のように手さぐりをして歩いたり，つまずいたりする姿を思い浮かべてください。あなたの仕事がなくなり，自活できなくなってしまったことを想像してみてください。暗闇の中で，もし友達があなたの手を取り「私についてき

なさい。そうすれば，目が見えたときにやっていたやり方を教えてあげましょう。」と言ってくれたとしたら，嬉しくはありませんか？　もし目の見える人たちが，必要としている助けをしてくれるなら，この協会はすべての盲人に対して，その友達の役割を果たせるのです。

他人の指の間からこぼれ落ちた小さな言葉，他人の心から放たれた光線が私の心の暗闇を照らし，そして私が自分自身を見出し，世界を見出し，そして神を見出した，という話を聞かれたでしょう。私の先生は，私を知ろうと努力し，私をとらえていた暗く静かな闇を打ち破ってくれました。そのおかげで，私は自分自身のために，そして他人のために働くことができるのです。私たちがお金よりも欲しいものは，思いやりです。送り主の同情と興味がない贈り物は，空虚なものです。もしあなたがたが，私たちのことを思い，もしあなたがたが，この素晴らしい国の人々が，思いやりを持つようにと働きかけてくれるとしたら，盲人は盲目に打ち勝つことができるでしょう。

私が，あなたがたライオンズクラブの皆さんに持ってきた機会とは，アメリカ盲人協会を育て，後援することです。防ぐことができる盲目をなくし，軽い難聴をなくし，教育を受けることのできない盲目の子どもをなくし，援助を受けられない盲目の男女をなくすことを急いでいる私を手伝ってはくれませんか？　視力，聴力を持ち，強く勇敢で親切なライオンズクラブの方々に訴えます。この暗闇を撲滅するための聖戦において，あなたがた自身が盲人の騎士となってはくれませんか？

ありがとうございました。

5章 詩

水仙（→本書 P.102）
谷や丘の上を高く流れ浮く雲のように，
私は一人さまよっていた。
そのとき突然，私は目の前に金色の水仙の群れが，
そよ風に吹かれながら，
湖のほとりで，木々の下で，
踊っているのを見たのだ。

選ばなかった道（→本書 P.104）
黄色に色づく森の中に，二本に分かれた道があった
残念だが，私は両方の道を行くことはできない
一人の旅人として，私は長い時間そこに立ち
片方の道の，遥か彼方を見ようとした
道が薮の中で，曲がっている所まで

それから私は，もう片方の道を選び，歩き始めた
見た目は変わらないが
こちらの道のほうがよさそうだ
なぜなら，こちらの道は草でおおわれ
踏みつけられていなかったから
本当は，二つの道は，同じように踏みつけられていたのだが

あの日の朝，両方の道は，同じように見えた
枯れ葉の下に，道は，まだ踏みつけられていなかった
私は，もう片方の道を，またの機会に，取っておいたのだ
しかし道が，ずっと先へつながることを考えると
ふたたびいつか，私がここへまた戻ってくることはないのではない

かと思っていた

私はため息をつきながら，こう言っているであろう
どこかで，今から何年も過ぎたある日に
森の中に二本に分かれた道があり，そして私は，
人があまり通っていないほうの道を選んだ，と
そのことで，どんなに大きな違いができたことか，と

風（→本書 P.112）
誰が風を見たのだろう
私もあなたも見なかった
けれど木の葉が揺れるときに
風は通り過ぎて行く
誰が風を見たのだろう
あなたも私も見なかった
けれど木々がたわむとき
風は通り過ぎて行く

言葉は死ぬ（→本書 P.114）
言葉は死ぬ
口から出たときに
そう言う人がいる。
だが私は言う
言葉は口にされたその日に
生き始めるのだと。

大道の歌（→**本書** P.115）
あなたに，私の手をあげましょう。
あなたに，お金よりもっと貴い，私の愛をあげましょう。
あなたに，訓戒や法律よりも前に，私自身を捧げましょう。
あなた自身を私にくれませんか。私といっしょに旅に出てくれませんか。
命ある限り，お互いに忠実でいましょう。

12ヶ月（→**本書** P.117）
一月は雪を運び
私たちの足と指を真っ赤にする

二月は雨を運び
ふたたび凍った湖を溶かす

三月は大きくかん高い声をあげる風を運び
舞い踊る水仙を揺らす

四月は甘い香りの桜草を運び
足もとにひな菊をまき散らす

五月はかわいい子羊の群れを運び
その群れはふさふさした毛の雌羊のそばではね回る

六月はチューリップと百合と薔薇を運び
花束で子どもの手をいっぱいにする

暑い七月は涼しい雨と
アプリコットとなでしこを運ぶ

八月は穀物の束を運び
家は収穫したものでいっぱいになる

暖かな九月は果実を運び
狩猟家は猟を始める

さわやかな十月はキジを運び
木の実拾いも楽しくなる

どんよりとした十一月は突風を運び
木の葉はぐるぐると勢いよく旋回する

寒い十二月はみぞれと
真っ赤に燃える炎とクリスマスのご馳走を運んでくる。

風の吹く夜（→**本書 P.120**）
月もなく星もなく
風がひゅーひゅー吹き荒れて
夜通し暗く雨降る中
男は馬をとばしてる
明かりも消えた夜遅く
なぜに男は駆けるのか

木々が大きな声で泣き
海では船が投げ上げられ
大通りでも低く大きく
男は馬を駆っている
全速力で走り去り
全速力で戻ってくる

ハートソング（→本書 P.122）
こころのおくにある歌。
ぼくにしか聞こえない。
目をとじて，じっとしていると
すぐ，聞こえてくる。
目をひらいて，いそがしく動いていても
そっと耳をすませば
こころの歌は聞こえる。
それでしあわせになる
どんなときより，しあわせに。
この広い世界のなかのどこより
なにより，だれより，も。
たとえば，天国にいくことを
考えるのとおなじくらい，しあわせに。
ぼくのこころの歌は，こんなふう。

きみがすき！　きみがすき！
どれだけ，しあわせ？
この世界をどれだけしあわせにできる？

たまに，メロディやことばがちがうこともある。
だけど，いつもおなじ
とくべつな気持ちになる。
それで，お兄ちゃんやお姉ちゃん
ほかのすてきなことを思い出す。
これは，ぼくだけのとくべつな歌。
だけど，おしえてあげる。
だれにでもこころのなかに
とくべつな歌があることを。
世界中のみんながとくべつな

こころの歌をもっていることを。
もし、まほうのような、音楽をかなでる
こころを信じれば
しあわせになることを信じれば
みんなにも
自分の歌があることがわかる。

(廣瀬裕子訳)

ほんとうの意味（→本書 P.125）
目はものを見るためにある。
だけど、とてもうれしいとき
とてもかなしいとき
泣くためにもある。
耳は聞くためにある。
だけど、こころでだって
聞くことはできる。
鼻はおいしい食べもののかおりを
かぐことができる。
風や草や
ちょっとがんばれば
チョウチョのかおりだってかげる。
手は感じるためにある。
だきしめたり、そっとふれたり。
口と舌は味を知るためにある。
言葉をささやくためにもある。
たとえば、「とてもすき」とか
「神さま、ありがとう」とか
そんなふうにね。

(廣瀬裕子訳)

6章 散文

仕立屋（→本書 P.128）

むかしむかしある村に，貧乏な仕立屋がいました。彼はたくさんの人に，オーバーを作りましたが，自分のためには，欲しかったのに，オーバーを作ったことはありませんでした。彼は何か売る物を作らない限り，そのオーバーの生地を買って，とっておくお金もありませんでした。しかし彼は，つましく少しずつお金を貯め，ついに十分なお金を貯めました。

彼は生地を買い，その生地を無駄にしないように，注意深く裁断しました。彼はオーバーを縫い上げましたが，それは彼にピタリと合うものに仕上がりました。彼は，そのオーバーのことを誇らしげに思い，あまり寒くない日にも着ました。彼はオーバーをボロボロになるまで着続けました。

彼は，オーバーがボロボロになったとわかると，そのオーバーを念入りに眺め，そのオーバーから上着を作るだけの生地があるのに気づきました。そこでオーバーをほどいて，上着を作りました。その上着は，前のオーバーのように，彼にぴったり合いましたので，彼はオーバーのときよりももっとひんぱんにそれを着ました。彼は，その上着がボロボロになるまで着ました。

彼は，上着がボロボロになったとわかると，その上着を念入りに眺め，その上着から，ベストを作るだけの生地があるのに気づきました。そこで上着をほどいて，ベストを作りました。試着してみると，そのベストは彼をひときわ気品高く見せてくれるものでした。彼はそのベストを毎日着ました。彼はそのベストがボロボロになるまで着ました。

そのベストがボロボロになったのがわかると，彼はまた丹念にそのベストを眺め，ベストの生地のあちらこちらに，使える部分があるのを見つけました。そこで彼は，ベストをほどいて帽子を作りました。その帽子をかぶってみると，帽子はなかなかよくできていまし

た。彼はその帽子がボロボロになるまで，室内でも外でもかぶっていました。
その帽子がボロボロになったのがわかると，彼はまた丹念にその帽子を眺め，ボタンを作るだけの生地が残っているのを見つけました。そこで彼は帽子をほどいてボタンを一つ作りました。そのボタンは素晴らしいものでした。彼はそのボタンがボロボロになるまで毎日身につけました。
そのボタンがボロボロになったのがわかると，彼はそのボタンをじっと見つめ，そのボタンから物語を作ることができることに気がつきました。そこで彼は，そのボタンから物語を作りました。その物語とは，私が今あなたに語った物語なのです。

7章　朗読劇・群読

(→本書 P.139)
メリー・オニール作「あられとおひょうの骨」
色は黒と白の間で生きている
見ることによって理解することができる世界で
しかし理解することがすべてなのではない
なぜなら色は踊るから
そして色は歌う
そして色は笑う
そして色は泣く
明かりを消せば色はなくなる
そして色は，我々に，すべての感情を感じさせてくれる
気難しさから興奮までを
あなたも
そしてあなたも

そして私もよく知っている
それぞれの色には風味があり
それぞれの色には香りがあり
それぞれの色には伝えたい素晴らしい物語がある

白って何？（→**本書 P.140**）
白って何？
白は鳩
すずらん
小道にこぼれたミルクの水たまり
船の帆
凪の尻尾
ウェディング・ベール
あられとおひょうの骨
誰かさんの電話
最も熱く，最も目がくらむような光は白
寒い夜に吐き出す息は白
白は色がないこと
無は白
触れられず
見ることもできない
白はマシュマロ
そしてバニラアイスクリーム
思い出せない夢の部分
白はひそかに歩く足音
白はささやき合う音
白は顔に落ちる，美しい破れたレースのような雪片
桜が咲く五月の終わりに田舎の部屋から香る匂いは白

黒は何？（→本書 P.142）
黒は何？
黒は星のない夜のこと
自分がどこにいるかわからない
黒はバケツいっぱいのコールタール
黒は黒玉
忘れたいもの
黒は煙突
黒はネコ
豹
ワタリ烏
背の高いシルクハット
黒の音は
どーん，どーん，どーん
空っぽの部屋で響く音
黒は優しい
荒れた道路や壊れたコップをおおってしまう
黒は炭，中庭のグリル
窓の下枠についたすす
黒は説明できない感情―痛みのない苦しみ
黒は甘草
エナメル革の靴
黒は新聞の活字
真っ黒なのは美しい，雷雨の中の真っ黒な雲
星明かりやランプは
ダイヤモンドや蛍は
真っ暗闇の中できれいに見える

紫は何？（→本書 P.145）
時は紫
人々が明かりを灯す夜の直前
しかし明かりをつけなかったら
さぞかし美しいだろう
蝦夷菊は紫
紫のインクもある
紫は君が考えているより人気がある
ピンクの曾(ひい)おばあさん
紫の影
紫のベール
爪を紫色にする女の人もいる
紫のジャム
紫のゼリー
紫色のあざ
転んだときに体のどこをぶつけたかは
次の日にわかる
紫色の感情とは
怒っていること
紫色の見かけとは
しっかりとした状態
紫の音は最も美しいもの
春のスミレの開花

池田 紅玉(和子) 著書一覧 （平成 16 年 10 月現在）

※印は発音と「魔法の仮名®」関連の著書です。

『三つ児の英語百までも』グラフ社，1986 年
『児童英語教育ハンドブック』執筆，アプリコット社，1990 年
『英語は右脳ですぐ話せる』共著，青春出版社，1991 年
新装改訂版『3 歳で英単語 650』グラフ社，1993 年
『早期英語教育』執筆，ニチブン，1993 年
※『英語は発音で勝負！』南雲堂フェニックス社，1994 年
『英語の数聞けますか？読めますか？』（カセットテープ別売り）
　　南雲堂フェニックス社，1994 年
『英語救急箱』（カセットテープ別売り）南雲堂フェニックス社，
　　1995 年
『英語で書くグリーティング・カード』グラフ社，1996 年
新装改訂版『右脳英会話』共著，青春出版社，1998 年
『ワン・フレーズでどんどん英会話』青春出版社，1999 年
『親子で楽しむ英会話』（CD 付き）ノヴァ出版局，1999 年
『オフィス英会話』（CD 別売り）南雲堂フェニックス社，2000 年
※『満点ゲットシリーズ アラレちゃんの小学生からはじめるこれだけ
　英語』（CD 別売り）集英社，2000 年
※『満点ゲットシリーズ アラレちゃんの小学生からはじめる 続これだ
　け英語』（CD 別売り）集英社，2000 年
※ 新装改訂版『英語の発音　できますか？聞けますか？』
　　（CD 別売り）南雲堂フェニックス社，2001 年
※『私案小学校英語教科書（CD 付き）』集英社，2001 年
『児童英語教育を学ぶ人のために』執筆，世界思想社，2001 年
※『「魔法の仮名」で英語が身につく㊙勉強法』大和書房，2001 年
『リスニングと発音のコツ 20』共著，南雲堂フェニックス社，2002 年
『ワンワールド　ペンマンシップ』監修，教育出版，2002 年
※『教科書ガイド　教育出版版　中学英語 1 年〜3 年』（「魔法の仮名」
　付け）日本教材システム，2002 年

『英語のほめ言葉会話集』（CD別売り）南雲堂フェニックス社，2002年

『ユニコン　英和辞典』執筆協力，文英堂，2002年

※『いきなりネイティヴ発音　英会話編（CD付き）』学研，2003年

※『いきなりネイティヴ発音　英単語編（CD付き）』学研，2003年

新装改訂版『発音できれば聞き取れる！英検・TOEICに役立つリスニング（CD付き）』共著，南雲堂フェニックス社，2003年

『児童が生き生き動く英語活動の進め方』執筆，教育出版，2003年

『子育ての英会話』（CD別売り）南雲堂フェニックス社，2004年

【翻訳書シリーズ】

『レディーバード 英語絵本シリーズ全8冊』（「シンデレラ」，「白雪姫と7人のこびと」他6冊）南雲堂フェニックス社，1997年

参考文献(1)

【和　書】

家本芳郎『群読をつくる』高文研，1994年

〃　　『ふたり読み』高文研，2003年

〃　　『いつでもどこでも群読』高文研，2003年

井上一馬『音読王　心にきざむ英語の名文』小学館，2002年

熊谷卓『誰にでもできる発声法』日本実業出版社，1996年

音読・朗読指導研究会『音読・朗読指導の実際』新光閣書店，1980年

近江誠『オーラル・インタープリテーション入門』大修館書店，1984年

近江誠『頭と心と体を使う英語の学び方』研究社出版，1988年

〃　　『感動する英語』文芸春秋社，2003年

齋藤孝『からだを揺さぶる英語入門』角川書店，2003年

ジェフリー・K・プラム他　土田滋他訳『世界音声記号辞典』三省堂，2003年

鈴木克義『心を動かす英語』三修社，2003年

野村出版研究所『読んで覚える楽しい英語』明日香出版，2002年

リサ・ステッグマイヤー『心に残る英語』日本文芸社，2002年

【洋　書】

1. Bacon, Wallace A., ***The Art of Interpretation***, 2nd ed. New York: Holt, Rinehart and Winston, Inc., 1972
2. Bahn, Eugene and Margaret L. Bahn, ***A History of Oral Interpretation***. Minneapolis, Minn.: Burgess Publishing Company, 1970
3. Coger, Leslie Irene, and Melvin R. White, *Readers Theatre Handbook*: ***A Dramatic Approach to Literature***, 2nd ed. Chicago: Scott, Foresman and Company, 1973
4. Geiger, Don, ***The Sound, Sense, and Performance of Literature***. Chicago: Scott, Foresman and Company, 1963
5. Lee, Charlotte I. And Timothy Gura, ***Oral Interpretation***, 7th ed. Boston: Houghton, Mifflin Company, 1987
6. Pelias, Ronald J., ***Performance Studies: The Interpretation of Aesthetic Texts***. New York: St. Martin's Press, 1992.
7. Schwartz, Alvin, ***A Twister of Twists, A Tangler of Tongues***. Harper & Row, Publishers, 1972
8. Trelease, Jim, ***The Read-Aloud Handbook***. Penguin Books, 2001
9. Williams, David A., ***Poetry as Communication***. Lanham, Md.: University Press of America, 1993.
10. Yorden, Judy E., ***Roles in Interpretation***, 3rd ed. Dubuque, Iowa: Wm. C. Brown Communications, Inc., 1993

> 参考文献(2)

朗読・読み聞かせに向く　おすすめ英語絵本165冊

絵本の配列は英語のタイトル名をアルファベット順にしたもので，A や The で始まるものは，その直後の単語の頭文字をとりました。165冊すべての絵本は洋書絵本の専門店である「絵本の家」の店舗に常備されているものから選定しました。

また，「絵本の家」にある絵本には，朗読・読み聞かせ用に，私が7段階のレベル分けをしていますので参考になさってください。

　【株】絵本の家　　http://www5a.biglobe.ne.jp/~ehonnoie/
　　　　　　　　　電話：03－3985－3363

1 is One
10 minutes till Bedtime
The Adventure of Bert
Aldo
Angus and the Duck
Angus Lost
Around the Year
Arrow to the Sun　A Pueblo Indian Tale
Ask Mr. Bear
Bedtime for Frances
The Biggest Bear
Brown Bear, Brown Bear, What Do You, See?
Cant You Sleep, Little Bear
Caps for Sale
The Carrot Seed
Charlotte and the White Horse
Chicken Soup With Rice
Choo Choo
Circus
Click, Clack, Moo Cows That Type

A Color of His Own
Corduroy
Cowboy Small
Curious George シリーズ
Daisy's Hide and Seek
Day in the Life of Murphy
Dr. Seuss の作品シリーズ
Draw Me a Star
Drummer Hoff
Everyone Poops
Farmer Duck
Father Christmas
The Father Who Had 10 Children
The Feel Good Book
The Five Chinese Brothers
Five Little Monkeys Jumping On the Bed
Frederick
Frog and Toad All Year
Frog and Toad Are Friends
Frog went a-Courtin
From Head To Toe

The Gas We Pass
Giggle, Giggle, Quack
Gilberto and the Wind
Gingerbread Boy
The Giving Tree
Goodnight Moon
The Grouchy Ladybug
Guess How Much I Love You
Harry the Dirty Dog
Hello Red Fox
Here Come Poppy and Max
The Holes in Your Nose
Hondo and Fabian
A House for Hermit Crab
How Little Lori Visited Times Square
I Like Winter
I Live In Tokyo
I Lost My Dad
I Want to Be
I Want to Paint My Bathroom Blue
In the Night Kitchen
Jellybean Books シリーズ
Joseph Had A Little Overcoat
Katy No-Pocket
King Bidgoods in the Bathtub
Little Bear
Little Blue and Little Yellow
Little Farm
The Little Fire Engine
Little Fur Family
The Little Island
Madeline

Madeline's Christmas
Madeline's Rescue
Make Way for Ducklings
mammalabilia
May I Bring A Friend?
miffy's birthday
Mike Mulligan and His Steam Shovel
Millions of Cats
The Missing Piece
The Missing Piece Meets the Big O
Mister Seahorse
The Mixed Up Chameleon
More More More Said the Baby
Mr Gumpys Outing
My Apron
My Beak, Your Beak
My Friend Rabbit
My Friends
My Nose, Your Nose
My World
The Night Before Christmas
No, David
Not So Rotten Ralph
Officer Buckle and Gloria
Olivia
Olivia and the Missing Toy
Olivia Saves the Circus
Once a Mouse
One Fine Day
One was Johnny
Open House For Butterflies
Outside Over There

Owen
Ox-Cart Man
Pancakes, Pancakes
Panda Bear, Panda Bear, What Do You See?
Papa Please Get the Moon for Me
Papa Small
Peepo
Pelle's New Suit
Peters Chair
Pocket for Corduroy
Polar Bear, Polar Bear, What Do You Hear?
Prayer for a Child
Pretzel
The Rabbits Wedding
Rainbow Fish
Ralph's Trick Or Treat!
Raven A Trickster Tale from the Pacific
Rosies Walk
Runaway Bunny
The Secret Birthday Message
Shadow
Slowly Slowly Slowly said the Sloth
Snow
Snowballs
Snowy Day
Spider and the Fly
Spot シリーズ
The Story of Ferdinand
The Story of Little Black Sambo
The Stray Dog

Swimmy
The Tale of the Little Little Old Woman
They were Strong and Good
This is My House
Three Billy Goats Gruff
Three Little Kittens
Three Little Pigs
Toot & Puddle
Toot & Puddle Charming Opal
Toot & Puddle I'll Be Home for Christmas
A Tree is Nice
The Tunnel
Umbrella
The Very Busy Spider
The Very Hungry Caterpillar
The Very Lonely Firefly
The Very Quiet Cricket
A Very Special House
Voices in the Park
Walter the Baker
Watch Out! A Giant!
When Poppy and Max Grow Up
When Sophie Gets Angry-Really, Really Angry...
Where the Moon Lives
Where the Wild Things Are
White Snow Bright Snow
Why the Sun and the Moon Live in the Sky
Willy the Wimp
The Wind Blew

COPYRIGHT ACKNOWLEDGMENTS

Chapter 3
"Children Learn What They Live"
Copyright © 1972 by Dorothy Law Nolte
Excerpted from the book CHILDREN LEARN WHAT THEY LIVE
Published by permission of Workman Publishing Co., New York arranged through Japan Uni Agency, Inc.

Chapter 4
I Have a Dream by Martin Luther King, Jr.
Copyright © 1963 by Martin Luther King, Jr.
Published by permission of Writers House, LLC arranged through Japan UNI Agency, Inc.
「皇后陛下美智子様の基調講演」
『橋をかける 子供時代の読書の思い出 BUILDING BRIDGES Reminiscences of Childhood Readings 』(皇后陛下美智子様, すえもりブックス, 1998年) 所収
Helen Keller's Speech
Copyright © 1925 by Helen Keller
Published by permission of American Foundation for the Blind arranged through Japan Uni Agency, Inc.

Chapter 5
"The Road Not Taken"
Excerpt from "The Road Not Taken" from THE POETRY OF ROBERT FROST edited by Edward Connery Lathem
Copyright © 1969 by Henry Holt and Company
Reprinted by permission of Henry Holt and Company, Inc. / reprint rights arranged with Henry Holt and Company through Japan UNI Agency, Inc.
「私と小鳥と鈴と」(金子みすゞ) / "Me, A Songbird, and a Bell" (D.P.Dutcher)
『金子みすず童謡集「サムシング ナイス」』(JULA 出版局) 所収
"Undefeated By The Rain"
Copyright © 1996-2004. Maryland Online Network. All Rights Reserved. A Division of Number One Internet Services, LLC

"Heartsong", "Making Real Sense of the Senses"
From HEARTSONGS by Mattie Stepanek
Copyright © 2002 by Mattie Stepanek
Reprinted by permission of Hyperion, an imprint of Buena Vista Books, Inc. through The English Agency (Japan) Ltd.

Chapter 6
"The Tailor"
Copyright © 1978 by Nancy Schimmel
Excerpted from the book JUST ENOUGH TO MAKE A STORY
Published by permission of Nancy Schimmel arranged through Japan UNI Agency, Inc.

Chapter 7
"What is Purple?", "What is Black?"
Copyright © 1960 by Curtis Publishing Company
"What is White", "The Colors Live", from HAILSTONES AND HALIBUT BONES by Mary O'Neil and Leonard Weisgard, III.
Copyright © 1961 by Mary LeDuc O'Neil
Published by permission of Random House Children's Books, a division of Random House, Inc. arranged through Japan Uni Agency, Inc.

和訳
「ハートソング」、「ほんとうの意味」
『ハートソング　すべての人のこころに歌を』（著者：マティ・ステパネク　訳者：廣瀬裕子　PHP研究所 © 2002）所収

写真提供(p.106)：金子みすゞ著作保存会

■著者プロフィール
池田 紅玉（いけだ　こうぎょく）
本名　池田和子
東京都生まれ。日本大学大学院，カリフォルニア州立大学大学院修了。東横学園女子短期大学（助教授）に10年間勤務した後，ハーバード大学客員研究員となり，1996年帰国後は，青山学院大学，日本大学，学習院生涯学習センターなどで教鞭を執る。著書一覧は168ページ。6種のパペットで腹話術を使い，ライブ感覚の講演会も展開している。専門は英語音声学・朗読法。日本人のための効果的な英語発音習得法を研究し，ユニークな発音表記法「魔法の仮名®」を考案（商標登録済）。一方で，日本語の言葉遣いの乱れに警鐘を鳴らし，日本語の美しさを見直す試みを行っている。学びのシンボルであるリンゴに関する書籍・グッズを収集していることから，ペンネームを「紅玉」とした。

■朗読者プロフィール
Bonnie Mesinger, Ph. D.（ボニー・メッシンヂャー）
朗読，スピーチ，演劇，英米文学を専攻し，Wayne State Universityで博士号を取得した後は，24年間カリフォルニア州立大学ハンボルト校（Humboldt State University）教授として，主に朗読，朗読劇の授業を担当した。池田紅玉（和子）の留学時代の恩師。1998年に退職した後は現在に至るまで，女優，詩人，作家として積極的に活動を続けている。カリフォルニア州ユーリカ（Eureka）在住。

すばらしい英語朗読・音読の世界「魔法の仮名®」つき
The Art of Reading Aloud

2005年2月8日　初版第1刷発行

著　者　　池　田　紅　玉
発行者　　小　林　一　光
発行所　　教　育　出　版　株　式　会　社
　　　　　〒101-0051　東京都千代田区神田神保町2-10
　　　　　電話（03）3238-6965　　振替 00190-1-107340

© K. Ikeda　Printed in Japan　　　　　DTP　心　容　社
落丁・乱丁本はお取替えいたします。　　印刷　モリモト印刷
　　　　　　　　　　　　　　　　　　　製本　上　島　製　本

ISBN 4-316-80067-1 C0082